DIE GRENZGÄNGER
MARC HAEBERLIN
FRITZ KELLER
WIE DER HUMMER AUS DEM ELSASS NACH BADEN KAM

Mit Texten von Ingo Swoboda
und Fotografien von Jörg Lehmann

INHALT

Die Grenzgänger	6
Auf nach Baden!	12
Die Kellers	30
You'll never walk alone	70
Schwarzer Adler	86
Winzerhaus Rebstock	128
KellerWirtschaft	140
Faszination Elsass	152
Die Haeberlins	170
L'Auberge de l'Ill	204
Glossar und Bezugsquellen	248
Register	250
Dank	254

ZWEI MÄNNER, EINE LEIDENSCHAFT

DIE GRENZGÄNGER

Es gibt wohl kaum einen anderen sprachlichen Begriff, dessen tatsächliche Bedeutung im Alltag der unterschiedlichen Gesellschaftsformen, Gemeinschaften, Staaten und Nationen so präsent und real ist, wie das Wort Grenze. Das gilt seit Anbeginn der Menschheitsgeschichte. Grenzen sind allgegenwärtig, doch mit jedem noch so kleinen Entwicklungsschritt kann der Mensch Grenzen überwinden und stößt gleichzeitig an neue.

Eine nicht enden wollende Herausforderung, ein unumgänglicher und ewiger Kreislauf, der das Leben zu dem macht, was es, in all seinen unterschiedlichen Facetten und individuell gestellten Anforderungen, letztendlich ist: eine zeitlich begrenzte Wanderung, deren Dauer unbestimmt ist, bei der am Ende aber immer die Natur mit ihrem unerbittlichen aber sinnvollen Rhythmus von Leben und Tod obsiegt und damit dem menschlichen Dasein unwiderrufliche Grenzen setzt. Doch im Rahmen dieser nicht zu überwindenden Grenze scheinen die Möglichkeiten des Menschen, neue Dinge zu entdecken, auszuprobieren, zu wagen oder einfach nur zu denken schier unendlich und grenzenlos zu sein. Das mag übertrieben und zunächst unrealistisch klingen, denn das Leben aller Gesellschaftsschichten ist in vielfältiger Weise mit Grenzen konfrontiert: mit unbewussten und verdrängten, aber auch mit greifbaren, sichtbaren und gefühlten. Grenzen, deren Existenz für den einen zu den notwendigen Übeln und akzeptablen Widrigkeiten des Leben gehört, die für den anderen eine unwiderstehliche Herausforderung darstellen, an eigene Grenzen zu gehen, um den persönlichen Horizont zu erweitern. Jeder kleine Schritt, der eine Grenze überschreitet und sich damit aus der gesellschaftlichen, moralischen oder sogar aus der naturwissenschaftlichen Norm hinausbewegt, sie in Frage stellt oder auch nur hinterfragt, ist ein Schritt nach vorne und der Versuch, natürliche und willkürlich vom Menschen gezogene und gesetzte Grenzen neu zu definieren, zu verschieben oder schlichtweg zu überwinden. Denn sie sind die einzig wirkliche Antriebsfeder für neue Ideen, Visionen, Innnovationen und Weiterentwicklung und damit ein sicherer Gradmesser für außergewöhnliche Leistungen. Nur wer, in welcher Intensität auch immer, Grenzen überschreitet, damit eingetretene Pfade und das Etablierte und Gewohnte verlässt und neue Wege beschreitet, wird das Besondere, das Außergewöhnliche abseits der Norm entdecken und damit nicht nur für sich eine neue Richtung aufweisen. Ein Weg, der Kraft kostet, Mut und Offenheit erfordert und Kreativität voraussetzt, um das Ziel jenseits der Grenze nicht nur klar zu erkennen, sondern auch zielstrebig ins Auge zu fassen, um die selbst gestellte Aufgabe anzupacken.

Für die unabdingbare Mediengesellschaft unserer Tage sind jene Männer und Frauen, die im Sport, in der Wissenschaft oder auch in der Politik Grenzen überschreiten und damit für Schlagzeilen und Aufmerksamkeit sorgen, Helden. Im Alltag sind es viele unscheinbare Taten, Ideen und Leistungen, mit denen Menschen ihre persönlich gefühlten und individuellen Grenzen überschreiten und damit manchmal lautlos für die Gemeinschaft einen Wert schaffen, der die Existenz und das Zusammenleben in einer Gesellschaft bereichert.

DIE KUNST DES GUTEN LEBENS
Dieses Buch erzählt von zwei Männern, von zwei unterschiedlichen Charakteren mit Ecken und Kanten, die nicht nur eine lange kollegiale Freund-

schaft verbindet, sondern die von der gemeinsamen Idee beseelt sind, ihre Vorstellungen von der „Kunst des guten Lebens", der „Art de vivre", für sich selbst zu finden und zu realisieren, aber vor allem diese Lebensart mit anderen zu teilen. Es sind keine Helden und doch haben sie mit ihren Ideen und den daraus konsequent folgenden Handlungen Akzente gesetzt, prägende Momente geschaffen, die viele Menschen nachhaltig beeinflusst haben. Der Badener Fritz Keller und der Elsässer Marc Haeberlin haben nicht nur in ihrer Heimat, sondern über die regionalen und nationalen Grenzen hinaus Dinge angestoßen und damit Werte geschaffen. Es sind zwei „Grenzgänger", die mit ihrer Arbeit für viele Menschen Vorbild waren und Vorbild sind und die trotz Kritiken, Widerständen und Rückschlägen ihren Weg konsequent weitergegangen sind. Immer mit einem dankbaren Blick zurück, aber geradlinig und ohne Zweifel an ihren Visionen. Es sind zwei Männer, die niemals heimische Bäume ausgerissen haben, um zu schauen, ob die Wurzeln noch dran sind. Vielmehr haben sie in einer beharrlichen Bodenständigkeit und Heimatverbundenheit geerbte Traditionen behutsam mit Toleranz und Weitsicht bereichert und ihren Erfolg dort realisiert, wo ihre Geschichte ihren Anfang nahm. Der Schlüssel zum Erfolg ist ihnen nicht in die Wiege gelegt worden, wohl aber die charakterlichen Züge, um zu erkennen, dass Grenzen Herausforderungen an die eigene Leistung sind, dass Grenzüberschreitungen Ideen und Können gleichermaßen erfordern und dass Grenzgänger nicht nur ihren eigenen Horizont erweitern, sondern den Himmel einer ganzen Region für die Einheimischen und Gäste ein wenig höher und blauer erscheinen lassen. Grenzenloser.

Dieses Buch ist auch der Versuch, den Menschen hinter den Rezepten ein Gesicht zu geben, von ihrem Leben zu erzählen und ihre Motivationen und ihre Leidenschaften zu ergründen. Es ist, im wahrsten Sinne des Wortes, ein Koch-Lese-Buch, das nicht nur hinter die Kulissen der Küchen und

Restaurants schaut, sondern Einblicke in den Alltag von Fritz Keller und Marc Haeberlin gibt, gleichzeitig ihre Wurzeln und ihre Heimat beschreibt, um verstehen zu können, was die beiden über die deutsch-französische Grenze hinweg verbindet.

Seien Sie also gespannt, wie der Hummer vom Elsass nach Baden kam und was Fritz Keller und Marc Haeberlin, die beiden Söhne aus zwei einflussreichen und prägenden Gastronomenfamilien, über Kochtopf und Pfanne hinaus verbindet.

PROVINZ ZEIGT GESCHMACK

AUF NACH BADEN!

Mittendrin, doch weit genug weg von den bergigen Nachbarn, erhebt sich der Kaiserstuhl aus der rheinischen Ebene wie eine einsame Insel und streckt seine Reben der Sonne entgegen. Ein Solitär unter den deutschen Weinbauregionen, ein vulkanischer Gebirgsstock, dessen im Feuer geschmiedete Böden es in sich haben und vor allem markante Burgunder-Weine hervorbringen.

Kein Wunder, denn nirgendwo sonst in Deutschland zeigt sich die Sonne öfter als am Kaiserstuhl: ein Privileg der Natur und eine Sonnenbank für Genießer. Die Region ist tatsächlich von der Sonne verwöhnt, wie der einprägsame, längst zum Klassiker avancierte Werbeslogan seit Jahrzehnten verheißt. Für die badischen Winzer sind der Kaiserstuhl und sein mediterranes Klima ein Glücksfall, kaum ein Fleckchen Erde, auf dem nicht ein Weinstock steht. Entstanden ist daraus eine beeindruckende und sehenswerte Terrassenlandschaft, eine über Jahrhunderte hinweg von Menschenhand mühsam geschaffene, stufenreiche Choreografie, die dem Kaiserstuhl sein unverwechselbares Gesicht gibt.

Die Menschen sind stolz auf das, was sie hier geschaffen haben, sind stolz auf ihre Heimat und verwalten das Erbe ihrer Vorfahren mit der sprichwörtlichen badischen Gelassenheit. Doch dahinter schlummert eine Mischung aus Revolutionsgeist und Bodenständigkeit, eine spannende Melange, die in der badischen Geschichte immer wieder für Zündstoff sorgte. Denn ihre Identität ist den Badenern eine Herzenssache, für die es sich auch zu kämpfen lohnt. Echter Badener zu sein heißt mehr als nur die geografische Bestimmung des Geburtsortes innerhalb der alten badischen Gebiete, die heute ein Teil von Baden-Württemberg sind. Badener zu sein ist eine

Lebensart, eine Überzeugung und eine Geisteshaltung, die gerne in genussvolle Gelassenheit ausartet und gleichzeitig den landsmännischen und regionalen Aspekt nie verleugnet, auch wenn die europäische Idee gerade hier in der Grenzregion zum französischen Elsass präsenter ist als in anderen deutschen Landen.

EIN BLICK ZURÜCK

Den Namen ihres Landes verdanken die Badener den Markgrafen von Baden, ein seit dem 12. Jahrhundert etabliertes Adelsgeschlecht, das seinen Stammsitz auf der Burg Hohenbaden unweit vom heutigen Baden-Baden hatte. Doch es sind weniger die Scharmützel und Streitigkeiten durch alle Jahrhunderte hinweg, die Baden und seine Herrscherfamilie auf den Plan der deutschen Geschichte gerufen haben. Erst das moderne Baden, das zu Beginn des 19. Jahrhunderts unter der Protektion Napoleons und als Resultat der geschickten Diplomatie des badischen Gesandten Sigismund Freiherr von Reitzenstein entstand, schuf eine bis heute nachklingende badische nationalstaatliche Identität und hinterließ Spuren in der deutschen Geschichte.

Ausgerechnet der Kaiser der Franzosen, deren Verhältnis zu den Deutschen bis ins 20. Jahrhundert hinein mit dem Begriff Erbfeindschaft umschrieben wurde, machte Baden zu einem Großherzogtum. Im sogenannten Reichsdeputationshauptschluss von 1803 erhält Baden als Entschädigung für an Frankreich verlorene linksrheinische Gebiete neben den Besitzungen ehemaliger Bistümer, Abteien und Stifte auch Teile der alten Kurpfalz, die Reichsstädte der Ortenau, den Breisgau, die Stadt Konstanz und die beiden Universitätsstädte Freiburg und Heidelberg zugesprochen. Mit dem

Landgewinn kommt der prestigeträchtige Titel und aus Markgraf Karl Friedrich wird über Nacht ein Großherzog. Damit war Baden ein souveräner Staat geworden, dessen territoriale Ausdehnung bis zum Ende des Zweiten Weltkrieges Bestand haben sollte. Den Blutzoll für die staatliche Aufwertung zahlen die Badener an der Seite der „Grande Armee". Badische Truppen kämpfen gemeinsam mit Franzosen gegen Preußen und Österreicher in der Völkerschlacht bei Leipzig, den verlustreichen Rückzug Napoleons aus Moskau über die Beresina decken badische Einheiten. Von rund 7000 Badenern in napoleonischen Diensten sehen nur wenige ihre Heimat wieder. Doch die ehemaligen Feinde zeigen sich im Siege großzügig. Trotz der langen Treue zu Napoleon bestätigt der Wiener Kongress Großherzog Karl seinen Titel und die territorialen Neuerwerbungen und Baden blieb Mitglied des Deutschen Bundes.

REVOLUTIONSGEIST

Ob die Nähe zu Frankreich und der Einfluss Napoleons, der sich als Kind der französischen Revolution und ihrer Ideale verstand, den badischen Widerstandsgeist gegen die Obrigkeit und eine für damalige Verhältnisse liberale und demokratische Grundhaltung initiiert und gefördert haben, bleibt ein Rätsel der Geschichte. Im Jahre 1818 erhält das Großherzogtum eine für ihre Zeit fortschrittliche liberale Verfassung, die Baden zwar zur konstitutionellen Monarchie macht, aber den gewählten Volksvertretern weitreichende Rechte einräumt und seinen Bürgern eine Teilnahme an politischen Fragen ermöglicht. Ein vorsichtig liberales Musterland mitten im nationalstaatlichen Erwachen, das unter diesen Prämissen einen ersten wirtschaftlichen Aufschwung erlebt. Doch die konservativen Kräfte im Deutschen Bund unter Vorsitz des österreichischen Staatskanzlers Metter-

nich erhöhen zunehmend den Druck auf das liberale Baden und seinen Großherzog. Gleichzeitig macht sich in der Bevölkerung Unruhe breit, Missernten und zunehmende wirtschaftliche Schwierigkeiten spielen den reaktionären Kräften in die Hände. Doch das badische Parlament wehrt sich und im Jahre 1843 organisiert der Abgeordnete Friedrich Daniel Bassermann die Ablehnung des Regierungsbudgets und erzwingt mit dem ersten parlamentarischen Misstrauensantrag der deutschen Geschichte den Rücktritt des konservativen Außenministers Friedrich Freiherr von Blittersdorf. Bis zur badischen Revolution ist es jetzt nur noch ein kleiner Schritt.

BADEN GANZ VORNE

Nach Ausbruch der Februarrevolution 1848 in Paris springt der revolutionäre Funke denn auch zunächst auf das Großherzogtum über, bevor es in den anderen Staaten des Deutschen Bundes zu blutigen Aufständen kommt. An der Spitze der badischen Revolution stehen Friedrich Hecker, Gustav Struve und Georg Herwegh, die mehr Bürgerrechte, die Abschaffung der Adelsprivilegien, soziale Sicherheit und Gleichheit, die Trennung von Staat und Kirche, die Gleichstellung aller Religionen, Pressefreiheit, die sofortige Herstellung eines deutschen Parlaments und die Errichtung einer Republik fordern. Ein Großteil der Bevölkerung schließt sich den Forderungen an, rund 20.000 aufgebrachte Badener demonstrieren im März 1848 vor dem Landtag. In Nordbaden erheben sich die Bauern, ganze Regimenter laufen zu den Revolutionären über und formen unter Beschwörung der „Treue und Liebe zum Volk" die badische Bürgerwehr. Ganz Baden ist jetzt im Ausnahmezustand, Großherzog Leopold verlässt fluchtartig das Land. Für kurze Zeit ist Baden Republik, doch das Imperium schlägt zurück. Bundestruppen, allen voran preußische und württembergische Regimenter, rücken

nach dem Scheitern der Frankfurter Nationalversammlung in Baden ein. Im Juli 1849 kapitulieren die letzten badischen Truppen nach fast zweimonatiger Belagerung in der Festung Rastatt. Es folgen Verhaftungen und standrechtliche Erschießungen, rund 80.000 Badener, damals rund 5 Prozent der Bevölkerung, verlassen das Land. Für die meisten von ihnen ist Amerika das Ziel, das Land der unbegrenzten Möglichkeiten, das ihnen die Freiheit verspricht, die sie in ihrer Heimat nicht erstreiten konnten.

Die Revolution war endgültig gescheitert, bis zum Jahre 1851 blieb das Großherzogtum von preußischen Truppen besetzt. Doch ihren liberalen Geist und den Traum von einer badischen Republik haben die Badener damit nicht begraben und auch im folgenden Kaiserreich unter Führung der Hohenzollern nicht aufgeben. Baden blieb eine Hochburg der Liberalen. Nach der Niederlage im Ersten Weltkrieg und der Abdankung des Kaisers verabschiedete sich auch der letzte Großherzog Friedrich II. am 22. November 1918 von seinen Landeskindern und machte Platz für den lang gehegten badischen Traum. Republik!

Doch der Freistaat Baden bleibt nur eine kurze Episode. Gleichgeschaltet unter nationalsozialistischer Herrschaft, wird Baden im Jahre 1933 als östlicher Teil des neu geschaffenen „Reichsgaus Baden-Elsass" einem Reichsstatthalter unterstellt. Für wenige Jahre ist die über Jahrhunderte hinweg heiß umkämpfte Nahtstelle zwischen Frankreich und Deutschland verschwunden. Erst nach dem Ende des Zweiten Weltkrieges fällt das Elsass zurück an Frankreich und Baden wird durch eine Besatzungsgrenze geteilt. Nordbaden steht nun unter amerikanischer Militärverwaltung, in Südbaden marschieren französische Truppen ein und besetzen das Land, das einst Napoleon aus der geschichtlichen Bedeutungslosigkeit geholt und zum Großherzogtum gemacht hatte.

Mit der Neugliederung der Länder innerhalb der Bundesrepublik steht auch Baden wieder auf der Tagesordnung der Geschichte. Vor allem in Südbaden favorisiert ein Großteil der Bevölkerung die Wiederherstellung des alten Landes Baden, doch im Jahre 1952 wird es das, was viele befürchtet hatten: das Bundesland Baden-Württemberg. Der Kunstgriff der jüngeren deutschen Geschichte mag aus verwaltungspolitischer Sicht und unter dem Eindruck des verlorenen Krieges sinnvoll gewesen sein. Doch er führt nicht das zusammen, was historisch, aber vor allem von seiner Mentalität, regionalen Besonderheiten, seiner Sprache und landsmannschaftlichen Gefühlen zusammengehört. Echtes Baden ist nur dort, wo das Badener Lied ertönt und aus voller Brust gesungen wird: „Das schönste Land in Deutschlands Gau'n, das ist mein Badner Land, es ist so herrlich anzuschaun, und ruht in Gottes Hand".

MITTEN IN BADEN

Am Kaiserstuhl ist man mitten in Baden und doch so nah an Frankreich, das mit dem Elsass den deutschen Nachbarn seine bekannteste Genussregion entgegenhält. Fast ein Spiegelbild: die von Landwirtschaft geprägten Orte auf badischer Seite präsentieren sich ebenso herausgeputzt wie ihre elsässischen Pendants, auf beiden Seiten des Rheins herrscht hinter den Fassaden die unaufgeregte Bodenständigkeit und Gelassenheit einer stolzen Landbevölkerung. Gemeinsamkeiten gibt es viele, lange Zeit vergraben unter dem Müll der Geschichte, doch für Badener und Elsässer immer präsent und spürbar: hüben wie drüben.

Die Straße nach Oberbergen ist eng und schlängelt sich um die sanften Hügel der Vulkanlandschaft, vorbei an Weinbergen, Wiesen und Feldern.

Ein bisschen Bilderbuchimage und Postkartenkitsch, Urlaubsflair kommt auf. Im Autoradio dudelt ein französischer Sender Charles Trenets „Douce France", die legendäre Hymne des Poeten an die Provinz auf der anderen Rheinseite. Bis ins Elsass sind es nur wenige Kilometer, Europa kennt hier keine Grenzen mehr. Die Autos mit den französischen Kennzeichen kurven jetzt öfter durch den Kaiserstuhl, Elsässer kaufen badischen Wein, vor einigen Jahren noch unvorstellbar. Oder sie kehren in eine der vielen Weinstuben und Restaurants ein. Auch das hatte lange Zeit Seltenheitswert. Doch der Reiz der Landschaft, die herzliche Gastfreundschaft der Badener, die Vielfalt ihrer Weine und nicht zuletzt die badische Küche machen auch Franzosen zu kulinarischen Grenzgängern. Das fällt gerade den Elsässern nicht schwer. Schließlich ist man Nachbar, spricht den alemannischen Dialekt, der auch am Kaiserstuhl verstanden wird, und teilt Spezialitäten wie Flammkuchen, Baeckeoffe, Sauerkraut, Schnecken und Schäufele. Dazu gilt die feine badische Küche als leichter, raffinierter und französischer als andere deutsche Regionalküchen. Und selbst die klassische deutsche Bratwurst auf die Hand hat längst den Geschmack der Elsässer erobert, ein kulinarischer Tribut an den seelenverwandten Nachbarn.

WIRTSHAUS FÜR GENIESSER

DIE KELLERS

Oberbergen ist eines jener stillen badischen Dörfer ohne kitschige und romantisierende Postkartenmotive, eingepasst in die spektakulär anmutende Terrassenlandschaft des Kaiserstuhls und umrahmt von Weinbergen, die seit Jahrhunderten die Lebensgrundlage der kleinen Gemeinde garantieren. Ein beschaulicher Ort, der jedem Reisenden das Gefühl vermittelt, dass hier die Zeit ihr Tempo ein klein wenig reduziert und der auf charmante, unaufdringliche Art und Weise demonstriert, dass die Provinz das Bodenständige nicht nur bewahrt und verinnerlicht hat, sondern es unaufgeregt und ohne Aufsehen lebt.

Die Geschichte von Oberbergen ist vor allem die Geschichte einer hart arbeitenden Landbevölkerung von Winzern, Bauern und Handwerkern, die für ihren bescheidenen Wohlstand nicht nur den Launen der Natur trotzen, sondern sich auch mit den politischen Wirren und dem Willen ihrer wechselnden Herren arrangieren mussten. Mitte des 14. Jahrhunderts kommt Oberbergen unter die Herrschaft der Habsburger, die ihren Besitz immer wieder an zahlungskräftige Ritter, Adelige und Städte verpfänden, um die Kassen aufzubessern. Zu dieser Zeit ist das linksrheinische Gebiet noch nicht französisch, sondern gehört zum Heiligen Römischen Reich deutscher Nation. Der Handel mit der anderen Rheinseite floriert, und obwohl die Elsässer Weine höher in der Gunst stehen, sind die Weine vom Kaiserstuhl bei der Straßburger Bevölkerung sehr beliebt und werden fässerweise in den unzähligen Tavernen und Wirtshäusern der pulsierenden Stadt aus-

geschenkt. Doch die Momente der Weinseligkeit hüben und drüben des Rheines sind nur kleine entspannte Augenblicke in einer Zeit politischer Turbulenzen und Katastrophen. Der Dreißigjährige Krieg mit den für die Landbevölkerung verheerenden Plünderungen und Brandschatzungen marodierender Truppen, die immerwährenden Streitigkeiten zwischen Habsburgern und Franzosen um die Provinzen beiderseits des Rheines und die Folgen der Reformation, die vor allem in Südbaden zu konfessionellen Wirren führen und Nachbardörfer zu religiösen Feinden machen, geben dem harten Landleben oft genug eine zusätzliche bittere Note. Auch an Oberbergen, das an der alten Postroute von Freiburg nach Breisach liegt, gehen die Umwälzungen, Neuerungen und Revolten nicht spurlos vorüber und mit der Französischen Revolution, die im Jahre 1789 in Paris ihren Anfang nimmt, kommen neue Ideen von Freiheit, Gleichheit und Brüderlichkeit auch in die Provinz. Rund 60 Jahre später wird sich die Badische Revolution auf diese Ideale berufen.

DER MITTELPUNKT VON OBERBERGEN

Doch in allen politischen Wirren und Unwegsamkeiten des Daseins gibt es in Oberbergen einen Ort, an dem das Leben eine entspannte Komponente bekommt und die Menschen beim Wein für einige Stunden den rauen Alltag vergessen lässt. Unter dem Schild des doppelköpfigen Adlers treffen sich die Oberbergener nach getaner Feldarbeit im Wirtshaus „Schwarzer Adler". Was aus der zeitlichen Ferne wie ein romantisches Wirtshaus-Klischee erscheint, ist bei näherem Betrachten ein zeitübergreifender Raum unterschiedlichster Begegnungen, in dem das Dorfleben seine Geschichte schreibt. Im einfach ausgestatteten Gastraum findet das Leben statt, freudige Ereignisse und ausgelassene Feste werden an den blanken Holztischen ebenso gefeiert wie Abschied genommen und getrauert wird. Vereine werden hier aus der Taufe gehoben und oft genug prallen in Weinlaune die unterschiedlichen Meinungen und kontroversen Ansichten in ungeschminkter Offenheit aufeinander, die die Sorgen und Nöte der Bevölkerung widerspiegeln. Das Wirtshaus ist der Mittelpunkt und damit das Gedächtnis des dörflichen Zusammenlebens.

Untrennbar verbunden ist die Geschichte des legendären Wirtshauses in Oberbergen mit der Familie Keller, die den „Schwarzen Adler" über Generationen hinweg durch die Stürme der Zeit gebracht hat. Ein kleines und einfaches Wirtshaus inmitten der Provinz und zunächst ohne überregionale Bedeutung, das allen wirtschaftlichen Rückschlägen trotzt und sich im Laufe der vergangenen hundert Jahre zu einem der renommiertesten Restaurants in Deutschland und zu einem Treffpunkt heimischer und internationaler Gäste entwickelt hat. Längst ist das alte Wirtshausschild mit dem schwarzen Doppelkopfadler ein Relikt aus einer vergangenen Epoche, seit dem Jahre 1806 gehört der Breisgau nicht mehr zu Vorderösterreich. Doch es ist bis heute das weithin sichtbare Zeichen eines sicheren und beständigen Horts badischer Gastfreundschaft. Die alten Bande blieben bis zum Tode von Otto von Habsburg, dem ältesten Sohn des letzten Kaisers von Österreich, bestehen, der zu jedem Weihnachtsfest im „Schwarzen Adler" anrief und der Familie frohe Festtage wünschte.

LEHR- UND WANDERJAHRE

Mit der sechsten Keller-Generation beginnt der Aufstieg des „Schwarzen Adler", als im Jahre 1860 Franz Anton Keller in Oberbergen das Licht der Welt erblickt. Gut ein Jahrzehnt zuvor war die Badische Revolution

an der Intervention preußischer Truppen gescheitert, das Großherzogtum Baden dennoch ein souveräner Staat mit liberalen Zügen geblieben. Franz Anton ist ein aufgeweckter und neugieriger Junge mit wachen Augen, dem das beschauliche Dorf schnell zu klein wird und der von der großen Welt fernab des Kaiserstuhls träumt. Franz Anton ist 14 Jahre alt, als er Oberbergen verlässt, um im damals berühmten und angesehenen Freiburger Hotel „Kopf" der Familie Phyrr eine Lehre anzutreten. Seine Ausbildung beginnt in einer Zeit voller Hoffnungen und Erwartungen. In Deutschland macht sich nach der Reichseinigung im Jahre 1871 Aufbruchsstimmung breit und die deutsche Hotellerie erlebt eine bis dahin unbekannte Blüte. In den noblen Restaurants der mondänen Grands Hotels fließen Wein, Sekt und Champagner in Strömen und die Küche bietet das Beste auf, was Land und Wasser an edlen Produkten zu bieten haben. Doch hinter der glitzernden Gründerzeit-Fassade herrscht ein strenges Regiment. Zwei Jahre Piccolo und Kellner, zwei Jahre Küchenjunge und zwei Jahre in der Weinwirtschaft fordert die damalige Ausbildung, sechs harte aber prägende Jahre für den jungen Franz Anton. Die Eltern zahlen das Lehrgeld von zwei Gulden pro Monat an die Gastronomenfamilie Phyrr, erst im sechsten Jahr der Lehre bekommt der junge Keller monatlich einen Taler Lohn auf die Hand. Eine gute Investition in eine solide Ausbildung, die sich einige Jahre später für den Familienbetrieb in Oberbergen auszahlen sollte. Doch zunächst zieht es Franz Anton weg von Freiburg und weg von Baden in den hohen Norden. Er will Seeluft schnuppern, die „Freiheit der Meere" kennenlernen und dient vier Jahre lang in der kaiserlichen Kriegsmarine, zuletzt als Oberbootsmanns-Maat auf dem Kreuzer „Wilhelm". In schicker, dunkelblauer Marineuniform mit goldblitzenden Knöpfen kehrt der Reservist für kurze Zeit nach Oberbergen zurück, bevor er auf die damals übliche und unabdingbare berufliche Wanderschaft geht. Fast sieben Jahre ist Franz Anton in England und Frankreich unterwegs, arbeitet als Koch und Kellner im berühmten Londoner Claridge Hotel, dann in Paris, in Lyon, Reims und Nizza und sammelt in der gehobenen Gastronomie wertvolle Erfahrungen für sein späteres Leben. Dass ihn dieses eines Tages in das kleine, enge Oberbergen seiner Kindheit zurückführen würde, hätte sich der abenteuerlustige Franz Anton vermutlich nicht träumen lassen. Doch der im Jahre 1891 begonnene Bau der Kaiserstuhlbahn, mit der die Breisgauhauptstadt Freiburg und damit der gesamte Kaiserstuhl an die große Rheintalstrecke angeschlossen wird, bietet auch für Oberbergen neue Perspektiven. Mit den besseren Verkehrsverbindungen kann nicht nur das Weingeschäft angekurbelt werden, sondern auch die heimische Gastronomie für Reisende, die nun an den Kaiserstuhl kommen, an Attraktivität gewinnen. Die weite Welt, von der Franz Anton als Kind träumte, ist ein klein wenig näher an Oberbergen gerückt.

Was den weltoffenen Franz Anton Keller letztendlich dazu bewegt hat, in seine Heimat zurückzukehren, bleibt sein Geheimnis. Für die Entwicklung des „Schwarzen Adler" ist es ein Glücksfall. Er kauft das Wirtshaus zurück, das sein Bruder nach finanziellen Schwierigkeiten an einen jüdischen Kaufmann aus Eichstetten veräußert hatte, und übernimmt die Gastwirtschaft. Intensiv kümmert sich Franz Anton nun um den Familienbesitz, erwirbt in den nächsten Jahren noch einiges an Land und Weinbergen dazu, brennt Schnaps und handelt mit Wein. Die Kaiserstühler Gewächse liefert Keller vor allem in die aufstrebenden Fremdenverkehrsorte des nahen Schwarzwaldes und in die Offizierscasinos der nahen Garnisonsstädte. Franz Anton ist viel unterwegs, mit der neuen Kaiserstuhlbahn ist das Reisen schneller und bequemer geworden. Oft ist er im damals deutschen Elsass auf Achse, fährt nach Colmar und Straßburg, um von dort aus mit einer gemieteten Kutsche seine Kunden zu besuchen. In seiner großen Reisetasche sind sorgsam die Wein- und Schnapsflaschen verstaut, die er seinen Kunden

schmackhaft machen möchte. Und Franz Anton Keller hat Erfolg. Auch der Handel mit den wohlhabenden Gutsbesitzern in West- und Ostpreußen entpuppt sich als lukrativ, ebenfalls der Verkauf von Grundweinen für die boomende Sektproduktion im Deutschen Reich. Mit der Eisenbahn schickt Keller ganze Fässer mit Kaiserstühler Weinen nach Ostpreußen, die Abfüllung auf Flaschen ist damals noch nicht üblich. Der Absatz floriert und legt den Grundstein für den Weinhandel, der bis heute ein wichtiger Wirtschaftszweig des Familienbetriebes der Kellers ist. Auch der „Schwarze Adler" entwickelt sich prächtig, neben den Einheimischen kommen jetzt auch Touristen an den Kaiserstuhl und kehren in Oberbergen ein.

So erfolgreich Franz Anton mit seinen Geschäften ist, im privaten Bereich muss der weitsichtige Gastwirt und geschickte Weinhändler einige Schicksalsschläge verkraften. Seine erste Frau Amalia stirbt jung, die Ehe bleibt kinderlos. Im Jahre 1908 heiratet Franz Anton ein zweites Mal, doch auch in der Ehe mit Emilie erfüllt sich der Kinderwunsch nicht, Mutter und Kind sterben bei der Geburt. Ein herber Rückschlag für den erfolgreichen Kaufmann, der sich sehnlich einen Nachkommen wünscht. Schließlich soll sein Lebenswerk in der Familie fortgeführt werden. Es dauert noch einige Jahre, bis Franz Anton wieder auf Brautschau geht. Er ist bereits 66 Jahre alt, als er die um 40 Jahre jüngere Winzerstochter Mathilde Schneider heiratet.

Im Jahre 1926 tritt das ungleiche Paar vor den Traualtar und ein Jahr später kommt der lang ersehnte Stammhalter auf die Welt. Am 4. April 1927 erblickt Franz Keller das Licht der Welt, damit ist die Nachfolge geregelt. Und Franz Keller wird nicht nur wie gewünscht in die Fußstapfen seines Vaters treten, sondern den „Schwarzen Adler" weit über die Grenzen Badens hinaus zu einer gastronomischen Institution machen und gleichzeitig den Weinbau am Kaiserstuhl nachhaltig beeinflussen. Lange ist Franz Anton das Vaterglück nicht beschieden, im Dezember 1929 stirbt der „Adlerwirt" und hinterlässt seiner jungen Witwe neben der umgebauten und modernisierten Gastwirtschaft einen gut gefüllten Keller mit Weinen aus den hervorragenden Jahrgängen 1928 und 1929.

Dennoch kommen schwere Zeiten auf die Familie zu. Die Jahre nach dem Ersten Weltkrieg haben die Landkarte für die Badener entscheidend verändert. Das Großherzogtum Baden existiert nicht mehr, im November 1918 dankt der letzte Großherzog offiziell ab. Auf dem Straßburger Münster weht die Trikolore, das nahe Elsass ist wieder unter französischer Herrschaft und der Handel mit den einstigen Landsleuten ist schwieriger denn je geworden. Deutsche Weine sind nicht mehr willkommen in der neuen französischen Provinz, der Rhein wird zur scharf bewachten Handelsgrenze zwischen Frankreich und dem Deutschen Reich. Dazu bricht nach dem Weltkrieg der Handel mit Ostpreußen zusammen, der New Yorker Börsenkrach und die allgemeine Wirtschaftskrise tun ihr Übriges. Kaum eine Branche, die nicht von der Krise erfasst wird, auch auf dem Land steigt die Arbeitslosigkeit rapide an.

MATHILDE KELLER

Zusammen mit ihrem Mann, der einen Teil seines Vermögens durch Kriegsanleihen und die Inflation von 1923 verloren hat, sind diese Umstände halbwegs erträglich zu schultern. Doch nach dem Tod von Franz Anton ist Mathilde Keller mit ihrem kleinen Sohn allein und muss den Familienbetrieb durch die kommenden schwierigen Jahre bringen. Keine leichte Aufgabe für Mathilde. Doch die junge Frau nimmt die Herausforderung an, reift zu einer charismatischen Persönlichkeit heran und wird bis zu ihrem

Tod die „gute Seele" des „Schwarzen Adler" bleiben. Mit der ihr eigenen Lebensfreude, einer gehörigen Portion Mut und Gottvertrauen macht sie sich voller Tatendrang an die Arbeit, kocht für die Gäste im „Schwarzen Adler", arbeitet in den Weinbergen und im Keller und findet dazwischen immer wieder Zeit, sich ihrem kleinen Sohn Franz zu widmen. An Urlaub oder Freizeit ist nicht zu denken, die Wirtschaft muss laufen. Schon früh am Morgen gegen vier Uhr steht sie in der Küche und schmiert Stullen für die Arbeiter, die auf ihrem Weg in den Weinberg am „Schwarzen Adler" vorbeikommen und bei der Gelegenheit statt Kaffee lieber ein Gläschen Schnaps oder ein Viertel Wein auf die Schnelle trinken.

Als trotz aller Mühen und allem Fleiß das wirtschaftliche Aus droht, verkauft Mathilde den größten Teil der Weinberge und schließt sich der örtlichen Winzergenossenschaft an, die nach und nach auch die Kellereinrichtung übernimmt. Es ist für sie die einzige Möglichkeit, den „Schwarzen Adler" vor der Insolvenz zu retten und damit die Basis des Familienbetriebes für ihren Sohn zu erhalten. Eine weitsichtige Entscheidung einer klugen Frau, die nicht ans Aufgeben denkt und sich mit ihrer burschikosen Art Respekt und Anerkennung in einer von Männern dominierten Berufswelt verschafft. Nach dem sonntäglichen Kirchgang sitzt Mathilde Keller als einzige Frau mit am Stammtisch und debattiert mutig und frei über die aktuellen Geschehnisse im Land. Mit ihrer Meinung hält Mathilde nicht hinterm Berg, auch als bereits dunkelbraune Wolken am Horizont auftauchen und die Nationalsozialisten ihr Gedankengut in die badische Provinz bringen. Ihr Gasthaus bleibt für jüdische Gäste offen, Mathilde Keller lässt sich nicht einschüchtern und tritt dem um sich greifenden Antisemitismus mutig entgegen. Der Sieg über Frankreich öffnet für wenige Jahre noch einmal die Grenze zwischen Baden und dem Elsass, doch die kommenden Kriegsjahre schränken den wirtschaftlichen Betrieb und Handel immer mehr ein.

Streng kontrollierte Rationierungen greifen in alle Bereiche des Alltags ein. Mathilde Keller führt ein arbeitsreiches und dennoch bescheidenes Leben, für ihren Sohn Franz, den ein Zeitgenosse einmal als „verwöhnten Satansbraten" bezeichnet hat, bleibt nur wenig Zeit. Franz ist vor allem an Fußball interessiert, für die Arbeit im Weinberg nach der Schule ist er nur schwer zu begeistern. Doch in Paul Wörner, dem damaligen Kellermeister der Winzergenossenschaft Oberbergen, findet der junge Keller einen geduldigen Lehrmeister, der ihm die badische Weinkultur schmackhaft macht und Franz behutsam in die Praxis der Kellerwirtschaft einführt. Es sind die ersten, aber nachhaltig prägenden Schritte von Franz Keller in die Weinwelt seiner Heimat, die er Jahre später mit seinen Ideen und seiner starken Willenskraft grundlegend verändern wird. Doch seine Liebe wird nicht nur den Weinen vom Kaiserstuhl gelten. Als junger Oberfähnrich entdeckt er im Jahre 1945 beim Rückzug durch Ostpreußen auf einem Landgut seine Leidenschaft für französische Rotweine. Ein Glas 1928 Château Lafitte aus dem Keller der Gutsherrin weckt seine Begeisterung und er beschließt, falls er aus dem Krieg gesund heimkehren sollte, sich solche Weine in den Keller zu legen und im „Schwarzen Adler" den Gästen anzubieten.

REBELL VOM KAISERSTUHL

Als Franz Keller nach Oberbergen zurückkehrt, ist aus dem jungen Mann eine stattliche Persönlichkeit geworden: Eigensinnig, mutig und unerschrocken, willensstark, temperamentvoll und streitlustig und für viele seiner Zeitgenossen unbequem. Den „Rebell vom Kaiserstuhl" werden sie ihn eines Tages nennen, denn Franz Keller wehrt sich gegen Einschränkungen der Traubensorten und gegen die geplante totale genossenschaftliche Vermarktung der badischen Weine und deren Ausrichtung auf Mas-

senproduktion, die dazu mit Steuergeldern und Subventionen unterstützt wird. In den ständig wachsenden hohen Ernteerträgen sieht Franz Keller keine Zukunft für die Winzer und die Region. Weniger produzieren, dafür kompromisslos auf Qualität setzen, um bessere Preise und Marktsicherheit zu erreichen, lautet dagegen sein Credo. Doch der Trend der deutschen Weinwirtschaft in den Nachkriegsjahren läuft seinen Ideen zuwider. Dennoch gründet Franz Keller sein eigenes Weinhaus, kauft und pachtet nach und nach Weinberge in Bischoffingen, Schelingen, Oberbergen, Oberrotweil und Jechtingen und beginnt, entgegen dem süßen Massengeschmack, durchgegorene, trockene, unverfälschte Weine mit eigenem Etikett auszubauen und abzufüllen. Seine Kollegen kann er von seiner Vision nicht überzeugen, erst Anfang der 1960er Jahre gelingt es ihm, die ersten sogenannten freien Winzer als Traubenlieferanten für den eigenen Weinausbau zu gewinnen. Bis heute haben sich diese noch immer bestehenden Partnerschaften bewährt, ein Generationenprojekt für die Region und ihre Weine, das Franz Keller auf den Weg gebracht hat. Und wie sein Vater macht sich Franz Keller auf den Weg, um das Weinhandelsgeschäft wieder anzukurbeln. Ohne einen Pfennig Geld in der Tasche tauscht er badischen Speck und Schinken von schwarz geschlachteten Schweinen gegen Burgunderweine des großen Jahrgangs 1945.

Im „Schwarzen Adler" steht noch immer Mathilde Keller am Herd, die mittlerweile von Franz Kellers Frau Irma unterstützt wird. Die junge Frau Keller, die aus der Gastwirtschaft „Krone" in Achkarren stammt, bereichert mit ihrer Kochkunst die Speisenkarte des Oberbergener Wirtshauses. Auch die männliche Nachfolge ist gesichert, 1950 kommt Sohn Franz junior zur Welt, sieben Jahre später erblickt Fritz Keller in Freiburg das Licht der Welt. Die beiden Söhne sind der ganze Stolz der kleinen Familie. Ihre Kindheit verbringen die Buben zwischen Schule, Gastwirtschaft und Weinbergen.

Unsere Empfehlung

Hummercremesuppe 5,- €

***

Gebratenes Seehechtfilet
mit Blattspinat
und Kirschtomaten 18,- €

***

Entrecôte vom Milchkalb
mit frischen Pfifferlingen
und feinen Nudeln 23,- €

Viel Raum für Freizeit und das Bolzen auf dem nahen Fußballplatz bleiben Franz und Fritz nicht, zu Hause werden alle Hände gebraucht. Nur an den Ruhetagen des „Schwarzen Adler" wird nicht gearbeitet. Dann fahren Franz und Fritz nach der Schule mit ihren Eltern zum Abendessen bis nach Lyon zu Paul Bocuse oder zu Jean und Pierre Troisgros nach Roanne und lernen schon als Kinder die damals alles bestimmende französische „Haute Cuisine" kennen. Für die Buben aus dem kleinen Oberbergen sind die Touren quer durch Frankreich einschneidende Erlebnisse, prägen, ganz im Sinne des bedeutenden französischen Gastrosophen Brillat-Savarin, ihren Geschmack und wecken ihre Leidenschaft für die Kochkunst.

Franz Keller ist die kulinarische Erziehung seiner Söhne ein Herzensanliegen, doch das Verhältnis zum strengen Vater ist für die Söhne nicht immer einfach. Oma Mathilde wird in vielen freudigen aber auch traurigen Stunden ihre verständnisvolle Vertraute und Ansprechpartnerin. Keller ist viel unterwegs. Der Aufbau des Weingutes, die Wiederbelebung des Weinhandels und langwierige Auseinandersetzungen mit Behörden und Weinbaufunktionären kosten den Patriarchen Zeit und Nerven. Vor allem der Weinhandel hat mit den Auswirkungen des Krieges zu kämpfen, im französisch besetzten Baden unterliegen der Handel und die Ein- und Ausfuhr strengen Kontrollen. Längst trennt Baden und das Elsass wieder eine scharf bewachte Grenze. Doch Franz Keller ist beharrlich. Im französischen Offizier Felon findet er einen Freund badischer Weine, der ihm Türen öffnet. Der französischen Besatzungsmacht in Freiburg fässerweise Weine vom Kaiserstuhl in die Casinos zu verkaufen, ist eines seiner kaufmännischen Husarenstücke. Als die badische Landjugend von seinen Bordeaux-Importen Wind bekommt, demonstriert sie gegen den „Verräter am badischen Wein". Doch Franz Keller lässt sich nicht beirren. Nach und nach entsteht direkt gegenüber dem „Schwarzen Adler" ein Lager namhafter Weine aus dem Bordelais und dem Burgund.

GRENZVERKEHR

Das nahe Elsass ist nun wieder Ausland und während Franz Keller in Oberbergen seinem „Schwarzen Adler" neue Impulse gibt, bauen auf der anderen Rheinseite die Haeberlins in Illhaeusern ihre im Krieg zerstörte Gastwirtschaft wieder auf und eröffnen die „Auberge de l'Ill". Man kennt sich noch aus Vorkriegsjahren, aus einer lockeren Kollegen-Bekanntschaft der beiden Gastronomen-Familien wird im Laufe der Jahre eine grenzübergreifende Freundschaft. Wenn im „Schwarzen Adler" Ruhetag ist, fahren Franz Keller und seine Familie mit dem kleinen Auto über die Grenze ins Elsass. Die Buben Franz und Fritz freuen sich auf die für sie exotisch anmutenden Gerichte von Paul Haeberlin, viele der Produkte sind in Deutschland kaum zu bekommen oder für die Kellers einfach zu teuer. Doch die Tour nach Illhaeusern ist nicht nur ein Familienausflug mit Mittagessen in der „Auberge". Auf dem Rückweg nach Oberbergen ist der Kofferraum voll mit französischen Weinen, die Franz Keller mit aufgesetzter Unschuldsmine über die Grenze schmuggelt. Auch für die Küche des „Schwarzen Adler" bringen die Kellers aus Illhaeusern etwas mit, das in der deutschen Gastronomie der 1960er Jahre noch eine Rarität ist. Großzügig packt Paul Haeberlin ausgelöste Hummer-Karkassen ein, die in der Adler-Küche ausgekocht werden und aus denen die schmackhafte Hummersauce zubereitet wird, die zum legendären Lachsschaum im „Schwarzen Adler" serviert wird. Immer mehr wird aus dem einstigen Dorfgasthaus in Oberbergen ein Restaurant, das mit seiner badisch-französischen Küche auf sich aufmerksam macht. Im Jahre 1969 zeichnet der Guide Michelin das Restaurant, in dem ein Teil des Personals in Küche und Service aus dem Elsass kommt, mit einem Stern aus. Der „Schwarze Adler" gehört damit zu den Besten in Deutschland. Franz Keller ist ein eloquenter und großzügiger Gastgeber, das Restaurant wird zu einem Treffpunkt illustrer Gäste aus Sport, Kultur und Politik. Paul Bocuse und die Haeberlins kommen zum Essen nach Ober-

bergen, politische Prominenz aus der ganzen Republik trifft sich im „Adler" und die Fußballlegenden Sepp Herberger und Fritz Walter gehören als gute Freunde zu den Stammgästen des Patriarchen. Mit ihnen sitzt Franz Keller oft bis spät in die Nacht im Restaurant, debattiert und diskutiert und holt eine Flasche nach der anderen aus dem Keller.

Der „Schwarze Adler" hat zum Höhenflug angesetzt, damit ist für Franz und Fritz Keller der Berufsweg vorgezeichnet. Es steht für die Brüder außer Frage, früher oder später in das aufstrebende Familienunternehmen einzusteigen. Franz Keller junior arbeitet nach seiner Kochlehre in der „Zähringer Burg" in Freiburg in den renommiertesten Küchen Frankreichs, steht bei Jean Duclou in Tournus, Paul Lacombe in Lyon und schließlich bei der Kochlegende Paul Bocuse am Herd. Seinen letzten Schliff bekommt der talentierte Franz bei Michel Guérard, dem Erfinder der „Nouvelle Cuisine", der mit seiner Philosophie die Kochkunst revolutioniert. Für wenige Jahre kehrt Franz Keller junior in den elterlichen „Schwarzen Adler" zurück, bevor er voller Ungeduld und Tatendrang hinaus in die inzwischen prosperierende deutsche Gastronomie stürmt und schließlich in Hattenheim im Rheingau seine eigene „Adlerwirtschaft" eröffnet.

FRITZ KELLER

Fritz Keller ist ein anderer Weg vorbestimmt. Er wird einmal in die Fußstapfen seines Vaters und Großvaters treten, das Unternehmen weiter ausbauen und, wie seine Vorgänger, das Familienprinzip beherzigen, dass jeder etwas für die nächste Generation tun und in die Zukunft investieren muss. Doch zunächst verschlägt es ihn aus dem verträumten Oberbergen in die tiefe niederbayerische Provinz. 1967 kommt Fritz ins „Fürstensteiner Knabeninternat", das den Ordensschwestern der Englischen Fräulein untersteht. Der Schulalltag ist kein Zuckerschlecken, die Nonnen führen ein strenges Regiment und achten besonders auf Disziplin. Frömmigkeit und Askese bestimmen den Tagesablauf. Vor der morgendlichen Andacht wird sich mit kaltem Wasser gewaschen, die Verpflegung ist einfach aber gut, einmal die Woche gibt es Schnitzel. Um das Heimweh von Fritz etwas zu lindern, schickt Oma Mathilde ihrem Enkel kleine Pakete mit selbst gebackenem Kuchen, schreibt Briefe in ihrer gewohnten Sütterlinschrift und berichtet ihm von den Geschehnissen rund um den „Schwarzen Adler". Auch die Weltpolitik interessiert Oma Mathilde und die Ereignisse im Jahre 1968 werden das Internats-Intermezzo von Fritz abrupt beenden. Als die sowjetische Armee in Prag einmarschiert und den „Prager Frühling" niederschlägt, macht sich die resolute Frau, die bis dahin ihre weiteste Reise nach Lourdes angetreten hatte, mit einer Reisetasche in der Hand und den Regenschirm unter den Arm geklemmt auf nach Bayern, um ihren Fritz nach Hause zu holen. Zu groß ist ihre Sorge, dass sich der Konflikt auf die bayerische Provinz nahe der tschechoslowakischen Grenze ausweiten könnte. Die Schulleiterin ist mehr als erstaunt, kann aber Mathilde Keller von ihrem Vorhaben nicht abhalten. Ihr Entschluss steht fest: Fritz kommt nach Hause. Mit dem Enkel fest an der Hand fährt Mathilde Keller zurück an den Kaiserstuhl.

In Oberbergen geht alles seinen gewohnten Gang, Vater Franz Keller hat die Zügel fest in der Hand. Immer mehr interessiert sich nun Fritz für den elterlichen Betrieb, schmiedet Pläne für die Zukunft des Familienunternehmens, denkt an Erweiterungen des Weingutes und des Weinhandels. Doch für einige Zeit möchte er noch einmal raus aus Oberbergen, Erfahrungen sammeln und sich Ideen und Anregungen bei den französischen Winzern und Gastronomen holen. Nach einer absolvierten Winzerlehre arbeitet

Fritz Keller in verschiedenen Bordeaux-Weingütern, schaut sich die Kellertechnik im Burgund an, verdient sein Geld in den Weinbergen des Südens Frankreichs und ist immer wieder Gast in den renommierten Restaurants der Grande Nation, deren Esskultur er schon als kleiner Junge kennengelernt und die ihn nachhaltig geprägt hat.

Aus dem kleinen Oberbergener Jungen wird ein weltoffener, aufgeschlossener und weitsichtiger Visionär, der sich für alle Facetten von Kunst und Kultur begeistert, gleichzeitig ein kompromissloser Streiter für den Qualitätsweinbau, der seinen Ideen Taten folgen lässt und nicht nur für die badische Weinwirtschaft zum Aushängeschild avanciert. Im Jahre 1990 übernimmt er vom Vater Weingut und Gastronomie und geht den innovativen Weg konsequent weiter, den Franz Keller gegen alle Widerstände der Zeit, der er um einiges voraus war, begonnen hat.

Und wie einst sein Vater, so ist auch Fritz Keller in Sachen Wein immer einen Schritt weiter und erntet dafür nicht nur Beifall. Als er zusammen mit Frank Frickenstein das Projekt „Vitis" aus der Taufe hebt und im Jahre 2008 der erste von ihnen initiierte Wein im Discounter ALDI in den Regalen auftaucht, steht die Branche Kopf. Doch Fritz Keller hat genügend Langmut und Weitblick, auch gegen Widerstände nicht von seinen Ideen und Visionen abzurücken. Die Kritik an seiner Person nimmt er gelassen hin, das ist eine bewährte Keller-Tugend. Denn Fritz Keller glaubt nicht nur fest an den Erfolg, im Discounter neue Zielgruppen für hochwertige, handwerklich gut gemachte badische Weine zu gewinnen. Hinter „Vitis" steckt auch ein gutes Stück Heimatliebe des Oberbergener Winzers, ein ausgetüfteltes Solidaritätskonzept für seine Weinregion. Unter Kellers Regie, die keine Abstriche an der Traubenqualität zulässt, bewirtschaften vor allem kleine Familienbetriebe wieder Kleinstparzellen und bis dato für sie unrentable Rebflächen in Steillagen und bekommen faire Preise für ihre Arbeit. Damit wird auch ein wertvolles Kulturgut erhalten und vor der sicheren Verwilderung bewahrt. Rund 450 Winzer aus ganz Baden beteiligen sich mittlerweile an dem Projekt und bauen die Weine in ihren Kellern nach den Vorgaben von Fritz Keller aus. Sie akzeptieren Fritz Kellers hohe Anforderungen an ihre Arbeit, denn sie wissen, dass der Badener nicht nur einer von ihnen ist, sondern ein echter Keller, dem seine Heimat besonders am Herzen liegt. Bodenständig und fest verwurzelt in Baden und in Oberbergen.

In eigener Sache investiert der engagierte Winzer und Gastronom nicht nur in Weingut und Restaurant. Mit Hilfe alter Kontakte, die bereits sein Großvater knüpfte, erweitert Fritz Keller das Angebot des Weinhandels um namhafte Güter, vorwiegend aus Bordeaux und Burgund. Heute liegen in den Gewölbekellern Tausende Flaschen feinster Weine aus unterschiedlichen Jahrgängen. Ein wahrer Schatz und eine immense Fundgrube, die auch das Rückgrat der umfangreichen und mehrfach ausgezeichneten Weinkarte im „Schwarzen Adler" bildet. Gute Weine zu gutem Essen: das ist mehr als ein Credo von Fritz Keller, es ist seine unerschütterliche Überzeugung, die der Genussmensch lebt. Dem Restaurant ist längst ein kleines Hotel angegliedert, das seit dem Jahre 2006 zu den „Small Luxury Hotels of the World" gehört.

Im „Schwarzen Adler" hat sich seit den Tagen von Franz Keller nur wenig verändert. Der holzvertäfelte Gastraum hat seinen ganz eigenen Charme, noch immer hängen an den Wänden rund um den Stammtisch die alten Bilder und Wimpel, die eine glanzvolle Epoche des deutschen Fußballs dokumentieren. Fritz Keller bewahrt dieses Ambiente, das ein gutes Stück gastronomischer Kulturgeschichte widerspiegelt. Auch die Adler-Küche, die seit 1969 ununterbrochen mit einem Michelin-Stern ausgezeichnet ist,

passt sich dieser Idee an und pflegt bis heute die traditionelle französische „Haute Cuisine", nicht ohne der modernen Kochphilosophie ihren Tribut zu zollen. Mit den beiden Küchenchefs Anibal Strubinger und seinem jungen Kollegen Christian Rosse stehen zwei Generationen am Herd des „Schwarzen Adler" und vollbringen gekonnt den Spagat zwischen Tradition und Moderne. Ein generationenübergreifendes Erfolgsmodell, noch immer treffen sich hier Feinschmecker aus aller Welt und auch die Haeberlins sind immer mal wieder zu Gast im „Schwarzen Adler". Die alte Verbundenheit hat Bestand über alle Zeiten und Grenzen hinweg.

ZUM REBSTOCK

Gegenüber dem „Schwarzen Adler" steht das Winzerhaus „Rebstock" mit seinem verwinkelten Innenhof, eine Kaiserstühler Wirtschaft im besten Sinne. Als der Rebstock mangels Nachfolge zum Verkauf stand, haben Fritz Keller und seine Frau Bettina das traditionsreiche Haus übernommen. Mit viel Einfühlungsvermögen in die historisch gewachsene Struktur der Wirtschaft hat Bettina Keller das alte Interieur der holzgetäfelten Wände und blanken Holztische behutsam renovieren lassen und damit den Charme und die Authentizität der historischen Dorfwirtschaft bewahrt. Heute ist der „Rebstock" ein gemütliches Kleinod badischer Gastlichkeit und ein gastronomischer Magnet für alle, die herzhafte Gerichte schätzen. Zu Ehren von Fritz Kellers Mutter Irma wird hier die Küche von damals aufgetischt, bodenständig und typisch badisch, aber auch mit dem geschmacklichen Verweis auf das nahe Elsass. Eine gelungene Symbiose zwischen den beiden Landstrichen, eine grenzüberschreitende Küche und damit eine Reminiszenz an die Tradition der beiden Regionen, die mehr als der gemeinsame alemannische Dialekt verbindet.

WELLNESS FÜR DEN WEIN

Etwas für die nächste Generation hinterlassen, das ihr eine Perspektive bietet, aber sie vor allem anspornt, weiterzumachen. Für den quirligen Fritz Keller ist dieser Gedanke nicht nur eine ständige Herausforderung, sondern vielmehr eine permanente Verpflichtung. Gemeinsam mit seiner Frau Bettina entschließt er sich im Jahre 2006, dem Weingut ein neues Gesicht und einen neuen Standort zu geben. Längst ist es in den verwinkelten Hallen und Kellerräumen in der Badbergstraße zu eng geworden, der alte Betrieb platzt aus allen Nähten. Doch bis zur Realisierung des umfangreichsten Projektes in der Geschichte des Familienunternehmens ist es noch ein weiter Weg. Sechs unterschiedliche Vorschläge für den Neubau, lange Planungen und Diskussionen stehen den Kellers bevor. Denn für Fritz Keller gilt es, das neue Weingut nicht einfach nur groß und nach den Anforderungen modernster Kellertechnik zu bauen. Es soll kein auffälliger Protzbau werden, das würde Fritz Kellers Charakter zuwiderlaufen, sondern eine zeitlose Architektur, die sich harmonisch in die sensible Terrassenlandschaft des Kaiserstuhls einpasst. Bescheiden, funktional, ökonomisch und nachhaltig ökologisch, energiebewusst, modern und dennoch ein Bauwerk mit Bodenhaftung, das zwar architektonische Akzente setzt, aber die landschaftliche Struktur nicht beeinträchtig. Gleichzeitig soll das neue Weingut im näheren Umfeld des „Schwarzen Adlers" bleiben, um den gewachsenen historischen Bezug zu Oberbergen nicht zu verlieren. Eine schier unlösbare Aufgabe?

Im Sommer 2013, nach nur 18 Monaten Bauzeit, wird das neue Weingut am Ortsrand von Oberbergen eröffnet und es versetzt die ganze Branche in Staunen. „Versenkt im Löss", nahtlos eingebettet in die alte Kulturlandschaft und im Einklang mit den Terrassen des Kaiserstuhls präsentiert sich Fritz und Bettina Kellers Meisterstück, ein Profanbau, in dem modernste

Standards und jahrhundertealte Prinzipien der Weinbereitung harmonisch ineinander greifen und zu einem ressourcenschonenden Ganzen verschmelzen. Nach dem Prinzip „form follows function" folgt die Weinbereitung über drei Ebenen der Graviation und garantiert damit eine möglichst schonende Verarbeitung der Trauben. Das neue Weingut ist, wie Fritz Keller es gewünscht hat, eine beeindruckende Wellnessanlage für seine Weine geworden.

Doch Fritz Keller wäre kein Spross einer badischen Gastronomen-Dynastie, würde er bei aller Begeisterung für den Wein nicht auch ans Essen denken. Schließlich geht es in dem kleinen Genuss-Imperium der Kellers immer auch um das Erlebnis Wein in Kombination mit Speisen. Was liegt da näher, als eine „KellerWirtschaft" in das neue Weingut zu integrieren. Das Interieur des neuen Restaurants ist schlicht und modern, die Küche gibt sich bodenständig und schaut dabei immer mal wieder über den badischen Tellerrand hinaus. Kulinarisch grenzenlos, ohne dabei den Blick für die Traditionen zu verlieren.

Was Fritz Keller mit Unterstützung seiner Frau Bettina und den drei Söhnen Konstantin, Friedrich und Vincent auf den Weg gebracht hat, ist ein sichtbares Zeichen der Keller'schen Philosophie, die mit Großvater Franz Anton ihren Anfang nahm: Ideen und Visionen haben, weiter denken und das Machbare tatkräftig anpacken. Fritz Keller hat diesen Ansprüchen eine neue Dimension gegeben, der quirlige Winzer, Weinhändler, Gastronom, Hotelier und Fußballpräsident ist ein weltoffener Oberbergener, fest verwurzelt in seine Heimat, ein leidenschaftlicher Genussmensch und ein Grenzgänger in all seinen Unternehmungen, der dort anfängt, wo andere aufhören.

DER PRÄSIDENT

YOU'LL NEVER WALK ALONE

Es ist noch früh am Samstagmorgen, erst seit ein paar Stunden taucht die Sonne den Kaiserstuhl in ein mildes und freundliches Licht. Kaiserwetter ist zu erwarten, gute Aussichten fürs Badener Land. In Oberbergen laufen im Hause Keller die Vorbereitungen für einen besonderen Samstag. Heute ist Bundesliga-Spieltag, einer von 34 in der laufenden Saison, und der Präsident des SC Freiburg ist wie vor jedem Spiel seines Vereins ein wenig nervös.

Dazu hat sich Marc Haeberlin angesagt. Gemeinsam mit seinem Freund Fritz will er das Spiel im Freiburger Stadion miterleben, eine willkommene Abwechslung zur Arbeit in der Küche der Auberge. Für Marc Haeberlin ist es einer der seltenen Ausflüge in die deutsche Fußballwelt, traditionell schlägt das Herz der Elsässer Familie natürlich für „Les Bleus" von Racing Straßburg. Doch heute gilt es, den SC Freiburg zu unterstützen. Fußballleidenschaft kennt keine Grenzen, you'll never walk alone. Und wenn es sein muss, zeigen Fritz Keller und Marc Haeberlin dem Fotografen, dass auch „alte Herren" noch technische Raffinesse besitzen und fußballerische Tricks auf Lager haben. Fit für einen kleinen Kick zwischendurch fühlen sich beide allemal.

Ortswechsel: Es ist kurz nach Mittag und Freiburg rüstet sich für den besonderen Fußballnachmittag. Überall in der Stadt sind kleinere und größere bunte Gruppen von Menschen zu sehen. Männer und Frauen jeden Alters, Kinder und Jugendliche, die unvermeidlichen Schals mit dem Logo des SC um den Hals, manche haben ihre Gesichter in den Vereinsfarben angemalt.

Im lauen Lüftchen, das durch die engen Gassen der Altstadt weht, flattern die rot-weißen Fahnen noch lustlos, doch das soll sich ändern. Schließlich steht heute das mit Spannung erwartete und immer brisante Lokalderby auf dem Spielplan der Bundesliga. Die Mannschaft aus der Landeshauptstadt Stuttgart ist zu Gast beim SC Freiburg und das ist weit mehr als nur ein Punktspiel. Hier geht es um den Stolz der Freiburger auf ihren SC, der sich wacker in der Ersten Liga schlägt. Und es geht um die fußballerische Vorherrschaft im Bundesland Baden-Württemberg. Baden gegen Württemberg heißt die Begegnung für viele Fans. Heute wird das Badnerlied noch lauter und inbrünstiger im ausverkauften Stadion ertönen als bei anderen Spielen. Aus Überzeugung.

EINZUG INS STADION

Im Stadion laufen die Vorbereitungen auf Hochtouren. Nach und nach füllen sich die Ränge, die ersten Fangesänge werden angestimmt. Die angereisten Fans des VfB Stuttgart versuchen noch etwas zaghaft, dagegen zu halten, doch die Freiburger lassen keine Zweifel aufkommen, wer hier Herr im Hause ist. Fritz Keller zeigt nichts von seiner Nervosität, dreht in aller Ruhe seine Runden durch das Stadion, schüttelt immer wieder Hände und lässt sich anerkennend auf die Schulter klopfen. Hallo Herr Keller, Hallo Fritz, Hallo Herr Präsident: Fritz Keller ist in der Freiburger Fußballszene bekannt wie der sprichwörtliche bunte Hund, kennt viele der Fans persönlich, nimmt Zuspruch aber auch Kritik mit badischer Gelassenheit entgegen und hat für jeden ein freundliches Wort. Er ist der Präsident aller Fans quer durch die unterschiedlichen gesellschaftlichen Schichten, die geschlossen hinter ihrer Mannschaft stehen. Und hinter ihrem Präsidenten. Beim Fußballfest des Sportclubs sind sich alle einig und sie haben gute Gründe,

ihrem Präsidenten Fritz Keller zu vertrauen. Unter seiner Führung hat sich der SC in der Bundesliga etabliert und Trainer Christian Streich setzt mit seiner Mannschaft dem Schreckgespenst des Abstiegs in die zweite Liga unterhaltsamen und erfrischenden Offensivfußball entgegen. Dazu haben Fritz Keller und seine Mitstreiter im SC große Pläne. Die alte Spielstätte setzt der Freiburger Fußballeuphorie Grenzen, längst ist die Arena in der Schwarzwaldstraße zu eng geworden, um den Sportclub auf Dauer im Profifußball wettbewerbsfähig zu halten. Ein neues, modernes und größeres Stadion soll her, fast eine ausfüllende Lebensaufgabe für den vielbeschäftigten Winzer, Gastronomen, Hotelier und SC-Präsident. Wie er das alles mit bemerkenswerter Ausdauer und Gelassenheit unter einen Hut bringt und dabei den Überblick bewahrt, verlangt selbst seinen Kritikern Respekt ab. Doch Fußball und vor allem der SC Freiburg sind ein gutes Stück seines Lebens, das er mit der gleichen Zielstrebigkeit und Leidenschaft verfolgt, wie alle seine Unternehmungen.

ANPFIFF: FUSSBALLLEIDENSCHAFT

Den Fußballvirus hat Fritz Keller in die Wiege gelegt bekommen, doch bis an die Spitze des Sportclubs war es ein weiter Weg. Denn die Fußballleidenschaft galt im Hause Keller einem anderen Freiburger Verein. Vater Franz Keller war ein glühender und engagierter Anhänger des Freiburger FC und nahm seinen Sprößling von Kindesbeinen an mit zu den Heimspielen des traditionsreichen Clubs. Im Jahre 1897 gegründet, wurde der Verein bereits ein Jahr später Süddeutscher Meister und errang als erster süddeutscher Fußballclub in einem packenden Spiel gegen Viktoria 89 Berlin im Jahre 1907 die Deutsche Meisterschaft. Dagegen war der Sportclub Freiburg, der unter diesem Namen erst im Jahre 1912 aus der Taufe gehoben wurde und seitdem den Greifenkopf im Wappen trägt, ein bedeutungsloser Verein, der lange Zeit im Schatten des ruhmreichen und die Badische Fußballszene dominierenden Freiburger FC stand. Für den jungen Fritz Keller spielten die damaligen Befindlichkeiten der beiden rivalisierenden Clubs keine Rolle, er wollte einfach nur Fußball spielen. Doch der Fritz musste nach der Schule in der elterlichen Gastwirtschaft und im Weingut mitanpacken, da blieb nur wenig Zeit für das Bolzen mit den Freunden aus der Nachbarschaft. Erst im Internat konnte Fritz Keller seine Qualitäten als rechter Außenläufer unter Beweis stellen. Was viele seiner Mitschüler damals nicht wussten und auch heute noch wenig bekannt ist, bringt Fritz Keller immer noch zum bubenhaften Schmunzeln. Getauft auf die Vornamen Friedrich Walter, trägt er den Namen einer der berühmtesten deutschen Fußballlegenden. Fritz Walter, Kapitän der Weltmeistermannschaft von 1954, war nicht nur ein guter Freund seines Vaters, sondern auch der Patenonkel von Fritz Keller.

Alte Wimpel, Autogrammkarten und Fotografien zeugen am Stammtisch im „Schwarzen Adler" von der Freundschaft des Ausnahmefußballers Fritz Walter mit dem Ausnahmewinzer und charismatischen Gastronomen Franz Keller. Kennen und schätzen gelernt hatten sich die beiden während der Weltmeisterschaft 1954 in der Schweiz, wo Franz Keller als ehrenamtlicher Betreuer die Mannschaft mit frischem heimischen Obst und kleinen Leckereien aus der badischen Küche versorgte. Aus Sicht des heutigen Profifußballs und seinem bis ins letzte Detail durchorganisierten Spielbetrieb eine fast rührend wirkende Geste. Doch in einer Zeit, als Fußball noch Amateursache war, wurden echte Freundschaften fürs Leben geschlossen. Auch die Trainerlegende Sepp Herberger gehörte zum Freundeskreis von Franz Keller und der „Schwarze Adler" wurde immer mehr ein Treffpunkt

der damaligen deutschen Fußballelite. Die Spuren dieser Zeit sind unübersehbar, noch heute hängt im Gastraum des „Rebstock" geschützt hinter Glas das original Nationaltrikot von Helmut Rahn, der mit seinem spielentscheidenden Tor im Endspiel gegen Ungarn berühmt wurde, Deutschland zum Weltmeister machte und das „Wunder von Bern" begründete. Nach der triumphalen Rückkehr der Weltmeister aus Bern trafen sich die Spieler, allerdings ohne Trainer und Betreuer, bei Franz Keller in Oberbergen und feierten ausgelassen ihren Titel. Grund genug dafür hatten sie, denn der ihnen von der Fachwelt nicht zugetraute Gewinn der Fußballweltmeisterschaft war der erste große sportliche Triumph Deutschlands nach dem Zweiten Weltkrieg, der in seiner Euphorie die ganze Nation erfasste, das angeschlagene Selbstbewusstsein der Bevölkerung auffrischte und den Beginn der Fußballmacht Deutschland markierte.

Ein sehr privates Kapitel deutscher Fußballgeschichte, die sich im kleinen Oberbergen fast unbemerkt von der Öffentlichkeit abgespielt hat und die mit Fritz Kellers Engagement als Präsident des SC Freiburg seine Fortsetzung erfährt. Erfreut war sein Vater Franz allerdings nicht, als er erfuhr, dass sein Sohn mehr oder weniger heimlich die Spiele des verhassten Konkurrenten besuchte, und drohte dem verlorenen Sohn sogar mit Enterbung. Doch Fritz Keller reizte die Aufgabe, mitzuhelfen, den angeschlagenen Sportclub wirtschaftlich auf gesunde Füße zu stellen, die Tribüne auszubauen und Mannschaft und Stadion für den Aufstieg in die Bundesliga fit zu machen. Der Sportclub sollte erstklassig sein und Badens Fußball angemessen repräsentieren, das war das erklärte Ziel nicht nur des damaligen Vorstandes, sondern aller echter Badener in und um Freiburg. Ein ehrgeiziges Unterfangen, das Fritz Keller mit seinen guten Kontakten zur heimischen Wirtschaft unterstützte, um sie als Sponsoren zu gewinnen. Nur die Politik wollte nicht richtig mitziehen, erst als das Fußballidol Fritz Walter im Stadion demonstrativ an der Seite seines Patenkindes auftauchte, waren auch die gewählten Volksvertreter von der Sache des Sportclubs überzeugt. Nach einigen Jahren im Vorstand ist Fritz Keller seit 2010 gewählter Präsident des SC Freiburg, ein weitsichtiger Präsident, der in die Zukunft des Vereins plant und investiert, ein für alle ansprechbarer Präsident ohne Berührungsängste und ein Präsident der sehr grimmig gucken kann, wenn es auf dem Rasen mal nicht gut für den Sportclub läuft.

FROSCHSCHENKEL
IN KRÄUTERN

Rezept für 4 Personen von Anibal Strubinger, Küchenchef Schwarzer Adler

Die Rückenknochen von den Froschschenkelkeulen trennen, die Schenkel mit Salz und Pfeffer würzen, in Mehl wenden und in einer Pfanne in Öl goldbraun anbraten.

Die Froschschenkel herausnehmen, das Öl ausgießen und in der Pfanne die Butter erhitzen, bis sie schäumt. Petersilie und Knoblauch zugeben, kurz anziehen lassen, die Schenkel zurück in die Pfanne geben und schließlich auf vier vorgewärmten Tellern mit Weißbrot servieren.

800 g Froschschenkel
1 EL Mehl
80 g Butter
4 EL fein gehackte Petersilie
1 EL fein gehackter Knoblauch
Öl zum Braten
Salz, schwarzer Pfeffer

Weißbrot zum Servieren

Gebratene Krabbensticks
30 g Butter
30 g Mehl
150 ml Fischfond
2 Dillzweige
100 g Krabbenfleisch
Mehl, Ei und Semmelbrösel zum Panieren
Salz, Pfeffer, Zitronensaft

Krabbenwürfel
2 reife Avocados
2 Basilikumzweige
2 Dillzweige
100 g Krabbenfleisch
4 Blatt Gelatine
Salz, schwarzer Pfeffer
Zitronensaft, Tabasco

Gurkengelee
1 Salatgurke
3 Blatt Gelatine
3 g Agar-Agar (Seite 248)
Salz, Zucker
schwarzer Pfeffer

zum Servieren
4 Wachteleier
Öl zum Anbraten
4 Baguettescheiben
(dünn aufgeschnitten)
Krabbenfleisch
Zitronensaft, Rapsöl
Salz, schwarzer Pfeffer

Kresse oder Kräuter
zum Garnieren

NORDSEEKRABBEN
MIT AVOCADO UND GURKENGELEE

Vorspeise für 4 Personen von Christian Rosse, zweiter Küchenchef Schwarzer Adler

Für die Krabbensticks die Butter in einer Sauteuse zergehen lassen, Mehl einstreuen und gründlich verrühren. Ca. 1 Minute anschwitzen lassen. Den Fischfond unter ständigem Rühren zugeben und bei geringer Hitze eindicken lassen. Dill hacken und mit dem Krabbenfleisch in die Sauce geben. Mit Salz, Pfeffer und Zitronensaft würzig abschmecken. Die Krabbenmasse 3 mm hoch auf ein Backblech streichen und ca. 1 Stunde gefrieren.

Für die Krabbenwürfel die Avocados schälen und Kerne entfernen. Das Fruchtfleisch von einer Avocado mit den abgezupften Kräutern pürieren. Das Fruchtfleisch der anderen Avocado fein würfeln und zusammen mit den Krabben unter das Püree heben. Mit Salz, Pfeffer, Zitronensaft und Tabasco würzig abschmecken. Die Gelatine in kaltem Wasser einweichen, tropfnass in einen kleinen Topf geben und auflösen. Aufgelöste Gelatine zur Masse hinzufügen und diese in einen Rahmen mit den Maßen 20 x 20 x 3 cm (oder eine vergleichbare, eingeölte Backform) streichen. Zum Gelieren kalt stellen.

Für das Gurkengelee die Gurke mit Schale und Kernen im Entsafter entsaften (oder im Mixer pürieren und durch feines Sieb passieren), den Saft durch ein Microsieb passieren. 300 g Saft abmessen, mit Salz, Zucker und Pfeffer würzig (wie einen Gurkensalat) abschmecken. Gelatine in kaltem Wasser einweichen. Einen Teil des Saftes mit dem Agar-Agar aufkochen, Gelatine ausdrücken und in der Flüssigkeit auflösen. Topf vom Herd nehmen, den restlichen Saft einrühren, auf ein mit Klarsichtfolie belegtes Backblech gießen und gelieren lassen.

Den Backofen auf 160° C vorheizen. Die Wachteleier in einer Pfanne zu Spiegeleiern braten. Die Brotscheiben im Backofen 10 Minuten lang rösten. Krabben mit Salz, Pfeffer und Zitronensaft abschmecken. Die gefrorene Krabbenmasse für die Krabbensticks in 5 cm lange, 3 mm breite Streifen schneiden und mit Mehl, Ei und den Semmelbröseln panieren. Kurz vor dem Servieren bei 160° C in der Friteuse knusprig ausbacken.

Die gelierte Krabbenmasse in 3 cm große Würfel schneiden und links auf einem Teller anrichten. Das Gurkengelee in 3 cm breite und etwa 15 cm lange Streifen schneiden und etwas überhängend auf den Würfel legen. Das Spiegelei auf dem Würfel platzieren und den Krabbensalat auf dem überhängenden Gelee anrichten. Nach Belieben mit Kresse, Kräutern und einem Brotchip garnieren.

Lachs
je 1 TL Senf-, Piment- und weiße Pfefferkörner
je 1 TL Wacholderbeeren, Fenchelsaat, Anis- und Koriandersamen
je 1 Sternanis, Gewürznelke und Lorbeerblatt
100 g grobes Meersalz
80 g brauner Zucker
1 Lachsfilet (ca. 500 g)
Buchenspäne zum Räuchern
Salz, schwarzer Pfeffer

Avocadocreme
3 reife Avocados
5 EL natives Olivenöl
je ½ Bund Koriander und Basilikum
Saft von 1 Zitrone
1 Spritzer Tabasco
Salz, Pfeffer

Kartoffelcannelloni
2 große Kartoffeln (vorwiegend festkochend)
1 Filoteigblatt (Seite 248)
Pflanzenöl zum Frittieren

Gurkenrelish
1 Salatgurke
10 ml Limetten-Olivenöl (Olio extra vergine d'oliva al limone)
1 Msp. Xanthan (Seite 248)
10 g eingelegte Senfkörner
1 TL gekörnter Senf
Salz, Zucker

Gurkengelee
1 Salatgurke
3 Blatt Gelatine
3 g Agar-Agar (Seite 248)
je 1 Prise Salz, Zucker und frisch gemahlener schwarzer Pfeffer

Radieschenstifte, Kresse, violetter Senf und Lachskaviar zum Garnieren

TIPP: Wenn Sie die Gewürze vor dem Zermahlen kurz im Ofen rösten, entfalten sie ein noch intensiveres und feineres Aroma.

GERÄUCHERTER LACHS
MIT AVOCADOCREME

Rezept für 4 Personen von Christian Rosse, zweiter Küchenchef Schwarzer Adler

Die Gewürze im Mörser fein mahlen und mit Meersalz und braunem Zucker vermengen. Das Lachsfilet säubern und häuten und mit der Salz-Zucker-Gewürz-Mischung von beiden Seiten kräftig einreiben. Abgedeckt für 24 Stunden im Kühlschrank ziehen lassen.

Zum Räuchern eine mit Deckel verschließbare Styroporbox komplett mit Alufolie auskleiden. Den Räuchervorgang im Freien vornehmen. Drei bis vier gleich hohe Gläser als Ständer für einen Gitterrost hineinstellen. Den Lachs gut abwischen und auf den Gitterrost legen. In einer Räucherpfanne oder einer kleinen gusseisernen Bratpfanne die Buchenspäne entzünden. Sobald diese gleichmäßig brennen, die Flammen z.B. mit einem Topfdeckel ersticken und die Pfanne in die Mitte der Styroporbox setzen. Den Deckel von der Pfanne nehmen, den Gitterrost mit dem Lachs rasch über die Pfanne auf die Gläser setzen, die Box verschließen und die Nahtstellen so mit Paketklebeband verkleben, dass absolut kein Rauch mehr aus der Kiste gelangen kann. Die so entstandene Räucherkammer für mindestens 2 Stunden an einem kühlen Ort aufbewahren. Je öfter die Räucherkammer verwendet wird, umso besser entwickelt sich das Raucharoma. Den Lachs in Portionen schneiden.

Für die Creme die Avocados schälen und entkernen. Die Kräuter von den Stielen zupfen und mit den Avocados und dem Olivenöl im Mixer pürieren. Mit Zitronensaft, Tabasco, Salz und Pfeffer abschmecken.

Für die Kartoffelcannelloni die Kartoffeln (möglichst große) schälen und durch einen Spiralhobel drehen. Diese Kartoffel-„Spaghetti" kurz im 140 °C heißen Frittieröl frittieren und anschließend in kaltem Wasser abschrecken. Ein Aluminiumrohr mit 1 cm Durchmesser mit einem Stück Backpapier (20 x 20 cm) und anschließend auf derselben Länge mit einem Filoteigblatt umwickeln. Nun die Kartoffelfäden auf der gesamten Länge des Filoteigs doppelt aufdrehen und in der Fritteuse oder großem Topf mit Öl goldbraun ausbacken. Noch heiß von dem Alurohr abziehen und mit Salz würzen. Den Cannellono halbieren.

Für das Gurkenrelish die Gurken schälen, entkernen und zu feinsten Brunoise (Mini-Würfelchen) schneiden. Das Salz und den Zucker zugeben und Wasser ziehen lassen. Anschließend die Gurkenwürfel gut ausdrücken. Den gewonnenen Saft und das Öl mit Xanthan binden. Senfkörner und den gekörnten Senf zugeben und würzig abschmecken. Die Gurkenbrunoise zugeben und miteinander verrühren.

Zubereitung Gurkengelee siehe Seite 91 (Nordseekrabben mit Avocado und Gurkengelee).

Zum Fertigstellen auf die Teller je ein Rechteck Gurkengelee legen, darauf das Gurkenrelish anrichten. Den Lachs darauf platzieren, den Kartoffelcannellono mit der Avocadocreme füllen und daneben legen. Mit Radieschen, Kresse, Senf und Lachskaviar garnieren.

LACHSSCHAUM
MIT HUMMERSAUCE

Ein Rezept für 4 Personen von Anibal Strubinger, Küchenchef Schwarzer Adler

Lachsschaum
400 g Lachsfilet
250 g eiskalte Sahne
2 EL eiskalte Crème fraîche
Salz, weißer Pfeffer
Butter zum Einfetten

Hummersauce
2 Hummerkarkassen
50 g Knollensellerie
50 g Karotte
50 g Zwiebel
1 EL Traubenkernöl
2 EL Tomatenmark
2 EL Mehl
500 ml Weißburgunder
eiskalte Butterflocken
2 cl Portwein
Salz, schwarzer Pfeffer

Den Lachs in kleine Stücke schneiden und ca. 10 Minuten anfrieren. In einen Küchenmixer geben und etwa 2 Minuten pürieren, nochmals 5 Minuten anfrieren. Anschließend weitermixen, dabei die Sahne nach und nach dazugeben, mit Salz und Pfeffer würzen, erneut kurz anfrieren. Crème fraîche dazugeben und sämig pürieren.

Den Backofen auf 170 °C vorheizen. Kleine, hitzebeständige Förmchen (z. B. Espressotassen) mit etwas kalter Butter einfetten und die Lachsmasse hineinfüllen. Eine große Auflaufform (oder tiefes Backblech) mit Wasser füllen und die Förmchen hineinstellen (sie sollten zu drei Vierteln im Wasser stehen). Im Backofen 30 Minuten backen.

Schalen und Kopf des Hummers zerkleinern. Karotte, Sellerie und Zwiebel schälen, fein würfeln und zusammen mit den Hummerschalen in Traubenkernöl gut anrösten. Tomatenmark dazugeben, mit Mehl bestäuben und mit Wein ablöschen. 10 Minuten kochen lassen, durch ein Sieb passieren. Butterflocken mit einem Schneebesen unterrühren, mit Salz, Pfeffer und Portwein abschmecken.

TIPP: Dazu passt Reis.

Lachs-Jakobsmuschel-Carpaccio
500 g Jakobsmuschelfleisch
½ Lachsfilet, der Länge nach halbiert, ca. 400 g

Vulkanspargelgâteau
1 Vulkanspargelknolle*
20 g Fenchel
20 g Staudensellerie
20 g Schalotten
30 ml Mirin*
30 ml Weißwein
200 ml Geflügelfond
50 g Crème fraîche
70 ml Sahne, halbsteif geschlagen
3 Blatt Gelatine
Zitrone Tabasco
Salz, schwarzer Pfeffer

Yuzu-Marinade
200 ml Geflügelfond
50 ml Yuzusaft*
10 ml Balsamico bianco
50 ml Limonenolivenöl
100 ml Olivenöl
0,5 g Xanthan*
Salz, schwarzer Pfeffer, Tabasco

Petoncle
3 Petoncle (Kammmuscheln) pro Portion
Mehl, Ei und Semmelbrösel zum Panieren

Kaviar, Kresse, Kräuter nach Belieben zum Garnieren

8 Anrichtringe (ca. 4 cm ø)

* Seite 248

LACHS-JAKOBSMUSCHEL-CARPACCIO
MIT YUZU-MARINADE, VULKANSPARGEL-GÂTEAU UND GEBACKENEN PETONCLE

Rezept für 8 Personen von Christian Rosse, zweiter Küchenchef Schwarzer Adler

Das Lachsfilet gründlich von Fett- und Tranrückständen säubern. Mit einem Schmetterlingsschnitt quer einschneiden (waagrecht halbieren, aber nicht durchtrennen, sodass man das Filet dünn ausklappen kann). Aufklappen und zwischen zwei Folien leicht plattieren. Das Jakobsmuschelfleisch dicht und lückenlos auf dem Lachsfilet anordnen und fest einrollen. Die Rolle fest in Frischhalte- und anschließend in Alufolie einrollen und gefrieren.

Den Vulkanspargel vor dem Verarbeiten halbieren und einige Zeit wässern. Die Spitzen abschneiden, halbieren, blanchieren und beiseitestellen.

Das Gemüse putzen, die Schalotte schälen und alles fein würfeln. Ein wenig des Vulkanspargelfleischs würfeln (2 EL) und mit den übrigen Gemüsewürfeln in etwas Öl anschwitzen. Mit Mirin und Weißwein ablöschen und die Flüssigkeit fast vollständig verkochen lassen.

Den Geflügelfond zugeben und nochmals auf die Hälfte reduzieren. Die Gelatine in kaltem Wasser einweichen, ausdrücken und in der heißen Flüssigkeit unter Rühren auflösen. Crème fraîche zugeben und alles im Mixer pürieren. Die Masse leicht abkühlen lassen, die Sahne halbsteif schlagen. Die sautierten Gemüsewürfel sowie die Sahne vorsichtig unterheben. Mit Salz, Pfeffer, Zitrone und Tabasco abschmecken.

Die Anrichtringe an den Rändern mit den blanchierten Spargelspitzen aufrecht auskleiden. Die vorbereitete Masse einfüllen und bis kurz vor dem Servieren kalt stellen.

Für die Yuzu-Marinade alle Zutaten miteinander verrühren und mit Salz, Pfeffer und Tabasco abschmecken.

Das Petoncle-Muschelfleisch mit Salz und Pfeffer leicht würzen und mit Mehl, Ei und den Semmelbröseln panieren. Kurz vor dem Servieren bei 160 °C in der Fritteuse ausbacken.

Das halbgefrorene Lachs-Jakobsmuschel-Carpaccio auf der Aufschnittmaschine in 1,5 mm starke Scheiben schneiden und sofort acht bis zehn Scheiben auf einem Teller rund anordnen. Die Scheiben mit Yuzu-Marinade beträufeln und mit Salz und Pfeffer würzen. Das Vulkanspargelgâteau aus den Ringen drücken und mittig anrichten. Drei frittierte Petoncle um den Gâteau legen und nach Belieben mit Kaviar und etwas Kresse oder Kräutern garnieren.

GEBRATENER ATLANTIK-STEINBUTT MIT VENERE-RISOTTO

Ein Rezept für 6 Personen von Anibal Strubinger, Küchenchef Schwarzer Adler

Die Schalotten schälen, in Scheiben schneiden, mit dem Weißburgunder, dem Portwein, Pfeffer und Lorbeer aufkochen. Bei milder Hitze die Flüssigkeit auf die Hälfte reduzieren. Durch ein Sieb in einen Topf abseihen und die Butter mit dem Mixer einschlagen. Mit Salz und Pfeffer und nach Belieben mit etwas Zitronensaft abschmecken.

Den Venere-Reis über Nacht in Wasser einweichen, dann abgießen. Schalotte schälen und klein hacken. In einem Topf in 1 EL der Butter anschwitzen, Reis zugeben, Brühe, Wein, Salz, Pfeffer zugeben und bei geringer Temperatur weich kochen. Danach die restliche Butter einrühren.

Die Steinbuttfilets salzen und pfeffern, je nach Stärke von jeder Seite ca. 2 Minuten im Olivenöl anbraten.

Den Risotto in die Mitte der Teller geben, Steinbuttfilets darauflegen und Beurre blanc um den Reis gießen. Nach Belieben mit Schnittlauchröllchen garnieren.

Beurre blanc
250 g Schalotten
250 ml Weißburgunder
2 cl weißer Portwein
5 weißer Pfefferkörner
2 Lorbeerblätter
125 g eiskalte Butter, in Stücken
Salz, schwarzer Pfeffer, Zitronensaft

Risotto
150 g Venere-Reis
1 Schalotte
100 g Butter
500 ml Geflügelbrühe
125 ml trockener Spätburgunder
Salz, schwarzer Pfeffer

Steinbutt
900 g Steinbuttfilets (150 g pro Person)
Olivenöl zum Braten
Salz, schwarzer Pfeffer

Schnittlauchröllchen zum Garnieren

SCHWARZER ADLER

Makrele
2 ganze Makrelen
(ca. 500 g)
je 50 g Fenchel, Lauch,
Staudensellerie und
Schalotten
2 Knoblauchzehen
je 2 g Fenchelsaat,
Pimentkörner und
Anissamen
1 Lorbeerblatt
je 100 ml Noilly Prat und
Weißwein
500 ml Geflügelfond
1 Msp. Safran
100 ml weißer
Balsamicoessig
200 ml Olivenöl extra
vergine
Öl zum Anbraten
Salz

Fenchelsud
600 g Fenchel
50 g Petersilie
2 Bund Koriander
1 Bund Basilikum
700 ml Traubenkernöl
100 ml Orangensaft
50 ml weißer Balsamico-
essig
10 ml Tabasco
Salz

Fenchelscheiben
1 Fenchelknolle
100 ml Einlegefond der
Makrele
Salz

marinierte oder rohe rote
Zwiebelringe und Kresse
zum Garnieren

MAKRELE „ESCABECHE"

Rezept für 4 Personen von Christian Rosse, zweiter Küchenchef Schwarzer Adler

Die Makrelen filetieren (ergeben je zwei Filets), säubern und entgräten, Haut nicht entfernen. Filets mit Salz würzen und mit der Haut nach oben in ein schmales, hohes Gefäß legen.

Das Gemüse schälen und in Streifen schneiden, den Knoblauch hacken. Gewürze im Mörser zerstoßen. Gemüse und Knoblauch in einem Topf in etwas Öl anschwitzen, die Gewürze zugeben und sofort mit Noilly Prat und Weißwein ablöschen. Den Geflügelfond angießen und kurz aufkochen. Safran hinzufügen und einige Minuten bei niedriger Temperatur ziehen lassen. Essig und Olivenöl zufügen und alles noch heiß (ca. 60–70 °C) über die Fischfilets geben und über Nacht kalt stellen. Einlegesud für die Fenchelscheiben aufbewahren.

Fenchel putzen, klein schneiden und in Salzwasser sehr weich kochen. Abtropfen lassen und noch heiß im Mixer zu einer sämigen Masse pürieren, kalt stellen.

Kräuter abzupfen, mit dem Öl ebenfalls im Mixer pürieren und anschließend durch ein Spitzsieb passieren. Orangensaft unter das erkaltete Fenchelpüree rühren und langsam das Kräuteröl einrühren, sodass eine Emulsion entsteht. Mit Balsamico, Tabasco und Salz abschmecken. Kurz vor dem Servieren nach Belieben noch einige frisch geschnittene Kräuter zugeben.

Die Fenchelknolle putzen und senkrecht zum Strunk in 5 mm dicke Scheiben einschneiden (der Strunk hält die Knolle weiter zusammen). Leicht mit Salz würzen und in einen Vakuumierbeutel geben. Den Einlegefond zugießen, Beutel verschließen und im Dampfgarer bei 80 °C 20 Minuten lang weich dünsten. Anschließend den Fenchel auch am Strunk durchschneiden, sodass einzelne Scheiben entstehen.
Zum Anrichten den Fenchelsud in tiefen Tellern als Spiegel verteilen, mittig eine Scheibe Fenchel darauflegen, darauf ein Makrelenfilet. Nach Belieben mit Kresse und marinierten Zwiebelringen dekorieren.

WOLFSBARSCH MIT HUMMERSAUCE

Rezept für 4 Personen von Anibal Strubinger, Küchenchef Schwarzer Adler

Den Wolfsbarsch würzen und auf jeder Seite in heißem Öl ca. 2 Minuten braten.

Schalen und Kopf des Hummers zerkleinern. Karotten, Sellerie und Zwiebeln schälen, fein würfeln und zusammen mit den Hummerschalen in der Butter stark anrösten. Mit Mehl bestäuben, mit Wein ablöschen und auf die Hälfte reduzieren. Durch ein Sieb schütten, Sahne dazugeben und nochmals etwas einkochen lassen. Mit dem weißen Portwein, Salz und Pfeffer abschmecken, kurz vor dem Servieren Butterflocken mit dem Mixer einschlagen.

Die Paprikaschoten putzen und in kleine Würfel schneiden. Tomaten häuten, entkernen und in Würfel schneiden. Paprika in einer Pfanne in Olivenöl anschwitzen. Danach die Tomatenwürfel dazugeben, kurz mit andünsten, mit Salz und Pfeffer abschmecken. Das Gemüse mittig auf den Tellern platzieren, je ein Wolfsbarschfilet auflegen und mit der Hummersauce servieren.

Wolfsbarsch
4 Wolfsbarschfilets
(à 130 g)
Öl zum Anbraten
Salz, schwarzer Pfeffer

Hummersauce
1 Hummerkarkasse
50 g Karotten
50 g Knollensellerie
50 g Zwiebeln
1 EL Butter zum Anbraten
2 EL Mehl
500 ml Weißburgunder
4 EL Sahne
2 cl weißer Portwein
50 g eiskalte Butter, in Flocken
Salz, weißer Pfeffer

Zum Servieren
je ½ grüne, rote und gelbe Paprikaschote
3 Tomaten
1 EL Olivenöl
Salz, weißer Pfeffer

ROCHENFLÜGEL
MIT TOMATEN IN TRAUBENKERNÖL

Rezept für 4 Personen von Anibal Strubinger, Küchenchef Schwarzer Adler

4–6 Schalotten
2 Knoblauchzehen
6–8 reife Tomaten
250 ml Traubenkernöl
1 Lorbeerblatt
½ TL gehackte Thymianblätter
1 EL gehackte Petersilie
800 g Rochenflügel
1 EL Mehl
Öl zum Anbraten
Salz, schwarzer Pfeffer
Kerbelblätter zum Garnieren

Schalotten und Knoblauch schälen und fein hacken. Tomaten häuten, entkernen und in feine Würfel schneiden. Öl erhitzen, Schalotten 1 Minute anschwitzen, Knoblauch dazugeben und goldgelb bräunen. Tomate, Lorbeer, Thymian und Petersilie zugeben und ca. 2–4 Minuten sanft köcheln lassen, mit Salz und Pfeffer abschmecken. Vor dem Servieren das Lorbeerblatt entfernen.

Rochenflügel in 8–10 cm breite Streifen schneiden, kurz in Mehl wenden und in einer vorgeheizten Pfanne in Öl 2–3 Minuten von jeder Seite anbraten.

Tomaten auf den Tellern verteilen und Rochen darauflegen. Mit Kerbel garniert servieren.

TIPP: Dazu passen Dampfkartoffeln.

HUMMER-SAVARIN

Rezept für 4 Personen von Anibal Strubinger, Küchenchef Schwarzer Adler

2 Hummer (à 400–500g)

Savarin
150 g Wolfsbarschfilet
250 g eiskalte Sahne
Salz, schwarzer Pfeffer
Olivenöl zum Anbraten

Hummersauce
50 g Karotte
50 g Knollensellerie
50 g Zwiebel
2 EL Traubenkernöl
2 EL Tomatenmark
2 EL Mehl
250 ml Weißburgunder
125 g eiskalte Butterflocken
2 cl Portwein
Salz, schwarzer Pfeffer

Kerbelblättchen zum Garnieren

Hummer mit dem Kopf voran in kochendes Salzwasser geben und 8 Minuten kochen lassen. Herausnehmen und abkühlen lassen. Den Schwanz und die Scheren abtrennen, den Schwanz der Länge nach halbieren und das Hummerfleisch aus Schwanz und Scheren herauslösen.

Für den Savarin das Wolfsbarschfilet in 2 cm breite Streifen schneiden, 10 Minuten ins Tiefkühlfach legen und anschließend mit einem Mixer klein hacken. Die Sahne nach und nach während des Mixens zugeben, bis eine glatte Masse (die Farce) entsteht. Mit Salz und Pfeffer abschmecken. Die Farce in eine kleine Schüssel geben und auf Eiswürfeln kühl stellen.

Den Backofen auf 150 °C vorheizen. Das Hummerfleisch der Gelenke (zwischen Kopf und Scheren) herauskratzen und die Stückchen unter die Farce mengen. Die Farce in kleine ausgebutterte Savarinformen füllen (alternativ in kleine ofenfeste Puddingformen von ca. 8 cm ø geben). Heißes Wasser in ein tiefes Backblech füllen, die Savarins hineinstellen und im Backofen 20 Minuten garen.

Schalen und Kopf des Hummers zerkleinern. Karotte, Sellerie und Zwiebel schälen und fein würfeln. Zusammen mit den Hummerschalen in Traubenkernöl gut anrösten. Tomatenmark dazugeben, mit Mehl bestäuben und mit Wein ablöschen. 10 Minuten kochen lassen, durch ein Sieb passieren. Butterflocken mit einem Schneebesen unterrühren und mit Salz, Pfeffer und Portwein abschmecken.

Kurz bevor der Savarin im Ofen gar ist, die halbierten Hummerschwänze und Scheren in Olivenöl anbraten.

Zum Anrichten die Savarinformen auf einen warmen Teller stürzen, den halben Hummerschwanz an einer Seite anlegen, den Kopf an der gegenüberliegenden. Die Scheren auf den Savarin lehnen, die Sauce darübergießen und mit Kerbel garniert servieren.

TIPP: Dazu passen Reis oder Dampfkartoffeln.

Spaghettini
460 g Pastamehl (Type 00)
200 g Eigelb (von ca. 6 Eiern)
60 g Eiweiß (von ca. 4 Eiern)
30 ml Olivenöl
Salz

Hummersauce
1 kg Hummerkarkassen
2 EL Olivenöl
je 100 g Fenchel, Staudensellerie, Schalotten
2 Knoblauchzehen
je 1 TL Fenchel- und Anissamen
je 100 ml Noilly Prat, Weißwein und Cognac
800 g Tomaten aus der Dose
1 l Geflügelfond
1 kg Eiswürfel
500 g Sahne
150 g eiskalte Butterflocken,
Salz, schwarzer Pfeffer, Zitronensaft
2 g Sojalecithin*

Gemüse
1 rote Paprika
2 gelbe Paprika
1 Zucchini
1 EL Korinthen, gehackt
1 EL Pinienkerne, geröstet
1 Msp. Ras el-Hanout*
Olivenöl zum Braten
Salz

Hummer
1 Bretonischer Hummer (ca. 800 g)
1 Bouquet garni*
1 TL Kümmel
100 ml Weißweinessig

* Seite 248

HUMMER-SPAGHETTINI

Rezept für 4 Personen von Anibal Strubinger, Küchenchef Schwarzer Adler

Für die Nudeln alle Zutaten miteinander verkneten. Wichtig: Eigelbe und Eiweiße getrennt abwiegen und die im Rezept genannte Grammzahl exakt einhalten. Teig vakuumieren (oder luftdicht in Frischhaltefolie einschlagen) und mindestens 12 Stunden gekühlt ruhen lassen. Den Teig mit einer Nudelmaschine zu Spaghettini verarbeiten und kurz vor dem Servieren in Salzwasser weichkochen.

Für die Hummersauce die Karkassen in einem Topf in Olivenöl anrösten. Das Gemüse und den Knoblauch schälen, in Würfelchen schneiden und zusammen mit den Gewürzen im Topf kurz mitschwitzen lassen. Mit Noilly Prat und Wein ablöschen, mit dem Cognac flambieren. Die Tomaten durch ein feines Sieb passieren und zusammen mit dem Geflügelfond und den Eiswürfeln in den Topf geben. Langsam zum Kochen bringen. Die Flüssigkeit auf zwei Drittel einkochen. Mit der Sahne auffüllen und 20 Minuten leicht köcheln lassen. Die Sauce durch ein Spitzsieb passieren, mit den Butterwürfeln aufmontieren und mit Salz, Pfeffer und Zitronensaft abschmecken.

Für das Gemüse die Paprikas schälen, entkernen und in feine Würfel schneiden. Die Zucchini waschen und ebenfalls in feine Würfel schneiden. Die Gemüsewürfel in etwas Olivenöl anschwitzen, die Korinthen und die Pinienkerne zugeben und mit Ras el-Hanout und Salz abschmecken.

Für den Hummer 3 l Wasser salzen und mit dem Bouquet garni, dem Kümmel und dem Essig zum Kochen bringen. Den Hummer kopfüber in das sprudelnd kochende Wasser geben, einmal aufkochen lassen und bei reduzierter Hitze 10 Minuten ziehen lassen. Den Schwanz und die Scheren ausbrechen und auf vier Portionen aufteilen. Bis zum Anrichten warm stellen.

Das Sojalecithin in die Hälfte der warmen, aber nicht zu heißen Hummersauce (ideal: 70 °C) geben und mit einem Pürierstab aufschäumen, bis eine große Wolke entstanden ist.

In mittelgroße, tiefe Teller einen Servierring (6 cm ø) setzen und 1 EL von dem Paprikagemüse hineingeben. Die gekochten Spaghettini in etwas Hummersauce schwenken, mithilfe einer Fleischgabel aufdrehen und auf das Gemüse im Ring geben. Darauf das portionierte Hummerfleisch setzen und leicht andrücken. Den Ring mit reichlich Hummersauce umgießen. Den Ring abziehen und eine große Wolke Schaum auf das Hummerfleisch setzen.

RAVIOLI VOM PECORINO DOLCE IN OLIVENÖLNAGE

Rezept für 10 Portionen von Anibal Strubinger, Küchenchef Schwarzer Adler

Teig
je 300 g Mehl und Grieß
8 Eigelb
2 Eier
Salz

Für den Teig Mehl und Grieß gut mischen und auf eine saubere Arbeitsplatte häufen. In die Mitte eine Mulde drücken und dort die Eier und etwas Wasser und Salz hineingeben. Von innen nach außen das Mehl mit den Eiern vermischen. Solange das Teiginnere noch flüssig ist, kann man dazu eine Gabel verwenden, danach mit den Händen kräftig kneten, bis ein glatter Teig entstanden ist. Den Teig in Frischhaltefolie packen und 1 Stunde kühl (aber nicht in den Kühlschrank) stellen.

Füllung
5 Blatt Gelatine
10 Eigelb
150 g Pecorino Dolce (Seite 248)
Salz, weißer Pfeffer

Für die Füllung Blattgelatine in kaltem Wasser einweichen. Im warmen Wasserbad die Eigelbe schaumig rühren, beherzt mit Pfeffer würzen, den Pecorino Dolce reiben und dazugeben. Die Blattgelatine ausdrücken und in der warmen Masse auflösen. Mit Salz abschmecken.

Eigelb zum Einpinseln

Den Teig in je 10 cm breite und 3 mm dünne Bahnen ausrollen. Auf eine Teigbahn im Abstand von 6 cm jeweils 1 TL der Käsemasse gegeben. Die Zwischenräume mit Eigelb einpinseln und eine zweite Teigbahn darüberlegen. Den Teig an den Zwischenräumen fest andrücken. Mit einer runden Ausstechform Ravioli ausstechen und in kochendem Salzwasser 2–5 Minuten garen. Die Füllung soll flüssig bleiben.

Olivenölnage
250 ml trockener Weißburgunder
500 ml Gemüsebrühe
150 ml Olivenöl
Salz, schwarzer Pfeffer

Für die Olivenölnage den Weißwein auf ein Drittel einkochen, die Brühe dazugeben und erneut auf die Hälfte einkochen und würzen. Mit einem Pürierstab das Olivenöl langsam einarbeiten, bis eine Emulsion entsteht. Die schwarzen Oliven mit dem Olivenöl zu einer Paste pürieren.

Olivencrème
200 g getrocknete schwarze Oliven, entkernt
6 EL Olivenöl

In einen warmen Suppenteller die Olivenölnage geben. Die Ravioli aus dem Wasser nehmen und in die Nage legen. Mit der Olivencrème beträufeln.

GEBRATENE SOT-L'Y-LAISSE
MIT POLENTASCHAUM UND MARONENCREME

Rezept für 8 Personen von Christian Rosse, zweiter Küchenchef Schwarzer Adler

Polentaschaum
50 g Mais aus der Dose
200 ml Geflügelfond
300 g Sahne
1 Lorbeerblatt
50 g Instantpolenta
20 g Parmesan
30 ml Olivenöl
Salz, schwarzer Pfeffer

Maronencreme
250 g Maronen
100 g Schalotten
100 g Butter
je 120 ml Noilly Prat und weißer Portwein
750 ml Geflügelfond
600 g Sahne
50 ml Rieslingsekt
Salz, schwarzer Pfeffer, Zitronensaft

Sot-l'y-laisse
24 Sot-l'y-laisse (Seite 248)
1 EL Butter
1 EL stark reduzierter Geflügelfond
eiskalte Butterflocken
Salz, schwarzer Pfeffer

Kerbelblättchen zum Garnieren

Für den Polentaschaum den Mais mit Geflügelfond und Sahne aufkochen, pürieren und anschließend passieren. Den passierten Sud mit dem Lorbeerblatt zum Kochen bringen, die Polenta einrühren und 5 Minuten köcheln lassen. Parmesan reiben und zusammen mit dem Olivenöl kräftig unterrühren. Das Lorbeerblatt entfernen und die Masse in einem Mixer glatt rühren. Mit Salz und Pfeffer abschmecken und in eine Espumaflasche füllen, mit zwei Patronen begasen und warm stellen.

Die Maronen weich kochen und grob würfeln. Eine Marone für die Garnitur dünn hobeln und beiseitestellen. Schalotten schälen und würfeln, mit den Maronen in der Hälfte der Butter anschwitzen und mit Noilly Prat und Portwein ablöschen. Die Flüssigkeit auf ein Drittel reduzieren. Geflügelfond und Sahne zufügen und 20 Minuten leicht köcheln lassen. Im Mixer oder mit dem Pürierstab pürieren und durch ein Spitzsieb passieren. Die restliche Butter untermixen und mit Sekt, Salz, Pfeffer und Zitronensaft abschmecken.

Die Sot-l'y-laisse in einer Pfanne in Butter 1 Minute anbraten, mit Salz und Pfeffer würzen. Den Geflügelfond zufügen, die Pfanne vom Herd nehmen, die Butterflocken in die Pfanne geben und alles so lange schwenken, bis eine Bindung entstanden ist und die Sot-l'y-laisse lackiert sind. Vorsichtig mit Salz und Pfeffer würzen.

In tiefe Teller einen innen gebutterten Servierring (ca. 5 cm ø) stellen und die gewünschte Menge Polentaschaum hineinspritzen. Je drei Sot-l'y-laisse außerhalb des Ringes anrichten. Die Maronencreme mit einem Pürierstab aufschäumen, den Ring damit umgießen und erst jetzt den Ring abziehen. Mit gehobelten Maronen und etwas Kerbel garnieren.

TIPP: Im Französischen heißt das „Pfaffenstückchen" Sot-l'y-laisse, was so viel bedeutet wie: „Ein Narr, wer dies liegen lässt." Dieses in Deutschland kaum bekannte kleine Fleischstück wird aus dem Rücken von Geflügel wie Hühnchen oder Perlhuhn unterhalb der Wirbelsäule geschnitten. Es hat ein sehr intensives Fleischaroma und ist zart und saftig.

ANJOU-TAUBE
BRUST UND KEULE

Rezept für 4 Personen von Anibal Strubinger, Küchenchef Schwarzer Adler

4 küchenfertige Tauben
500 ml Spätburgunder
500 ml Geflügel- oder Gemüsebrühe
2 Schalotten
1 Ei, Mehl und Semmelbrösel zum Panieren
1 EL Speisestärke
Traubenkernöl, Öl und Butter zum Anbraten
neutrales Pflanzenöl zum Frittieren

Salz, schwarzer Pfeffer

Die Taubenkeulen ablösen, in Öl und Butter anbraten, mit dem Spätburgunder und der Brühe ablöschen, ca. 30 Minuten leicht köcheln lassen. Die Keulen herausnehmen, das Fleisch vom Knochen lösen und klein schneiden. Den Bratfond aufheben.

Schalotten schälen und fein würfeln. In Öl glasig anschwitzen, danach das klein geschnittene Fleisch zugeben, mit Salz und Pfeffer abschmecken und kalt stellen.

Den Backofen auf 170 °C vorheizen. Die Tauben (ohne Keulen) mit Salz und Pfeffer würzen und in einer Pfanne in Butter und Traubenkernöl anbraten. Im Backofen ca. 10 Minuten garen.

In der Zwischenzeit aus der Keulen-Schalotten-Masse vier kleine Kugeln formen. Die Kugeln zuerst in Mehl, dann in Ei und schließlich in den Semmelbröseln wenden und in heißem Öl frittieren.

Den Bratfond der Keulen durch ein feines Sieb passieren, mit Salz und Pfeffer abschmecken, aufkochen und 10 Minuten köcheln lassen. Speisestärke mit etwas Fond anrühren und die Sauce damit binden.

Die Taubenbrüste vom Knochen lösen und auf Tellern mit den Kugeln anrichten, die Sauce dazugeben.

TIPP: Dazu passen Kartoffel- oder Selleriepüree, Zuckerschoten und Rote-Bete-Würfel.

Lamm
600–800g Lammcarrée
(vom Metzger vorbereiten lassen)
Olivenöl zum Anbraten
Salz, schwarzer Pfeffer

Thymianjus
1 kg Lammknochen (vom Metzger klein gehackt)
1 Karotte
2 Zwiebeln
2 Knoblauchzehen
1 kleine Sellerieknolle
2 EL Tomatenmark
4 mittelgroße Tomaten
500 ml Spätburgunder
1 l Fleischbrühe
2 Thymianzweige
1 Rosmarinzweig
3 Lorbeerblätter
Traubenkernöl zum Anbraten
Salz, schwarzer Pfeffer

Gemüse
8 junge Karotten mit Grün
4 kleine weiße Rübchen mit Grün
3 Schalotten
2 Artischocken
Saft von ½ Zitrone
4 Tomaten
1 rote Paprika
Olivenöl zum Anbraten
Salz, schwarzer Pfeffer

Rosmarinkartoffeln
1 kg Kartoffeln
100 ml Olivenöl
1 Rosmarinzweig
Salz, schwarzer Pfeffer

LAMMCARRÉE
MIT THYMIANJUS

Rezept für 4 Personen von Anibal Strubinger, Küchenchef Schwarzer Adler

Den Backofen auf 170 °C vorheizen. Das Lammcarrée salzen und pfeffern und in einer Pfanne in Olivenöl goldbraun anbraten. Lamm je nach Größe ca. 15–20 Minuten im Ofen fertig garen.

Für die Thymianjus die Lammknochen in einem Bräter in Traubenkernöl gut anbraten. Gemüse schälen, würfeln, zu den Knochen geben und mitbraten. Tomatenmark und die klein geschnittenen Tomaten zugeben, 3 Minuten dünsten. Mit dem Rotwein und der Brühe ablöschen. Thymian, Rosmarin und Lorbeer zugeben und ca. 20 Minuten köcheln lassen. Danach die Jus durch ein Sieb passieren und mit Salz und Pfeffer abschmecken.

Für die Gemüsebeilage Karotten und Rübchen schälen, 3 cm vom Grün stehen lassen, und in Salzwasser weich kochen. In Eiswasser abschrecken. Die äußeren Blätter von den Artischocken lösen, danach die kleinen Blätter und den Bart (das Heu) mit einem kleinen Messer abschneiden. Den Boden mit Zitronensaft einreiben. Die Tomaten schälen, Tomaten und Paprika entkernen und in Würfel schneiden. Die Artischockenböden in feine Scheiben schneiden und in Olivenöl anbraten. Tomaten, Paprika, Karotten und Rübchen zugeben, mit Salz und Pfeffer abschmecken.

Die Kartoffeln schälen und in 1 cm große Würfel schneiden, in Olivenöl anbraten. Rosmarinnadeln abzupfen und fein hacken. Sobald die Kartoffeln gar sind, mit Salz und Pfeffer würzen, den Rosmarin zugeben und warm halten.

KALBSKOTELETT
MIT DUXELLES-FÜLLUNG

Rezept für 4 Personen von Anibal Strubinger, Küchenchef Schwarzer Adler

Für die Duxelles das Gemüse schälen, ggf. putzen und in 2 mm feine Würfel schneiden. In einer Pfanne in Butter anschwitzen, mit Salz und Pfeffer würzen. Die Masse erkalten lassen und danach die Eier und die Petersilie untermischen.

In die Koteletts am Knochen entlang eine Tasche schneiden (kann vom Metzger vorbereitet werden). Die Duxelles mit einem Löffel in die Tasche füllen – ca. 2 EL pro Kotelett. Die Koteletts mit Küchengarn über Kreuz verschnüren. In einer heißen Pfanne in Öl und Butter auf beiden Seiten goldbraun braten.

Backofen auf 160 °C vorheizen. Die Koteletts aus der Pfanne nehmen und auf ein Backofengitter legen, im Ofen ca. 15 Minuten garen. Abtropfendes Fett und Saft auf einem Blech auffangen. Küchengarn entfernen.

Für die Sauce die Schalotten schälen und fein hacken. In der gleichen Pfanne wie die Koteletts in Butter anschwitzen. Mit dem Rotwein und dem Portwein ablöschen, auf die Hälfte reduzieren. Die Brühe und den abgetropften Saft der Koteletts zugeben, die Butter unterrühren und mit Salz und Pfeffer abschmecken.

TIPP:
Mit Kartoffeln und Speckbohnen servieren.

Duxelles
1 Karotte
2 mittelgroße Schalotten
¼ Sellerieknolle
250 g Champignons
1 kleine Lauchstange
1 EL gehackte Petersilie
2 Eier
Butter zum Anbraten

Koteletts
4 Kalbskoteletts
(à 180–200 g)
Butter und Öl zum Braten
(zu gleichen Teilen)

Sauce
3 Schalotten
500 ml Spätburgunder
125 ml Portwein
250 ml Rinder- oder Geflügelbrühe
1 EL Butter
Butter zum Anbraten
Salz, schwarzer Pfeffer

Reh
1 kg Rehrücken
mit Knochen
Pflanzenöl zum Anbraten

Sauce
2 Zwiebeln
1 Lauchstange
1 Karotte
½ Staudenselleriestange
4 Knoblauchzehen
4 EL Mehl
1 ½ l Spätburgunder
500 ml Wildfond,
alternativ Rinder- oder
Kalbsbrühe

3 Lorbeerblätter
2 Nelken
6 Wacholderbeeren
Pflanzenöl zum Anbraten
Salz, schwarzer Pfeffer

Selleriepüree
1 große Sellerieknolle
1 mittlegroße Kartoffel
250 g Sahne
Salz, schwarzer Pfeffer,
Muskat

Kartoffelbällchen
700 g Kartoffeln
(mehlige Sorte)

3 Eier
1 Eigelb
4 EL Sahne
2 EL Butter
4 EL Mehl zum Panieren
2 Eier zum Panieren
Sonnenblumenöl zum
Frittieren
Salz, schwarzer Pfeffer

REHFILET
MIT SPÄTBURGUNDERSAUCE

Rezept für 4 Personen von Anibal Strubinger, Küchenchef Schwarzer Adler

Rehrücken parieren (Silberhäutchen dünn abschneiden) und vom Knochen lösen.

Für die Sauce die Knochen vom Rehrücken klein hacken und in einer Kasserolle in wenig Pflanzenöl anbraten. Gemüse putzen, ggf. schälen, klein schneiden und dazugeben. Gut bräunen, mit Mehl bestäuben und mit dem Wein auffüllen. Fond und Gewürze zugeben, 30–40 Minuten kochen lassen, durch ein Sieb passieren und mit Salz und Pfeffer abschmecken.

Sellerie und Kartoffel für das Selleriepüree schälen und in Würfel schneiden. Mit der Sahne in einen Topf geben, salzen und zugedeckt weich kochen. Bei Bedarf evtl. 1 Tasse Wasser zugeben. Wenn danach zu viel Flüssigkeit vorhanden ist, etwas davon abschütten und aufbewahren. Sellerie und Kartoffel mit einem Stabmixer pürieren, falls nötig etwas von der Kochflüssigkeit zugeben. Mit Salz, Pfeffer und frisch geriebener Muskatnuss abschmecken.

Für die frittierten Kartoffelbällchen die Kartoffeln schälen und im Ganzen in Salzwasser weich kochen. Wasser abschütten, Kartoffeln mit einer Gabel leicht zerdrücken und ausdampfen lassen. Anschließend durch eine Kartoffelpresse drücken, mit drei Eiern, Eigelben, Sahne und Butter vermengen. Mit Salz und Pfeffer abschmecken. Die Masse zu kleinen Bällchen formen, in Mehl wenden, danach in den verquirlten Eiern wälzen, panieren und im Öl frittieren.

Den Rehrücken im Öl auf beiden Seiten unter häufigem Wenden anbraten (je nach Dicke 4–8 Minuten). Danach in dünne Scheiben schneiden und zusammen mit dem Gemüse, je einer Nocke Selleriepüree und zwei Kartoffelbällchen anrichten.

TIPP: Dazu passt Apfelrotkraut.

DOME VON APFEL-KARAMELL-SCHAUM

Ein Rezept für 4 Personen von Serge Rebillard, Patissier Schwarzer Adler

Den Backofen auf 180 °C vorheizen. Marzipanrohmasse bei Zimmertemperatur mit den nach und nach beigegebenen Eiern mit dem Handmixer verrühren. Mehl, Back- und Zimtpulver unterheben. Butter zerlassen, unterrühren und die Mischung auf ein Backblech streichen. Im Backofen ca. 7 Minuten backen.

Zucker in der Pfanne karamellisieren, mit 50 g der Sahne ablöschen. Das Gelatinepulver unter die Karamellmasse rühren, etwas abkühlen lassen. Die restliche Sahne steif schlagen, unterheben und die Masse in die kleineren Halbkugel-Silikonformen füllen. Im Kühlschrank gelieren lassen.

Die Apfelmousse bildet die äußere Schicht des Apfeldomes. Erst mit der Zubereitung beginnen, wenn die Karamellkerne fest geworden sind. Den Cidre im Topf auf ca. 40 ml einkochen, das Apfelkompott unterheben, kurz aufkochen und abkühlen lassen. Eigelb und Zucker schaumig schlagen, unter die Apfelmasse rühren und auf 80 °C erhitzen. Das Gelatinepulver einrühren und etwas abkühlen lassen. Sahne steif schlagen und zusammen mit dem Apfelbrand unterheben.

Die größeren Halbkugel-Silikonformen bis zur Hälfte mit der Apfelmasse befüllen. Den gefrorenen Karamellkern aus der Form nehmen und mittig in die Apfelmasse drücken. Mit je einem passend ausgestochenen Zimtbiskuit abdecken und im Kühlschrank fest werden lassen.

Für das Apfelgelee 50 ml Wasser mit dem Zucker aufkochen. Das Gelatinepulver unter die Apfelmasse rühren und etwas abkühlen lassen. Apfelbrand zufügen, in einen Rahmen oder rechteckiges Gefäß gießen und im Kühlschrank gelieren lassen. Würfelförmig zuschneiden.

Zum Anrichten den Apfeldome auf Teller stürzen und mit einer Physalisfrucht dekorieren. Daneben einige Würfel Apfelgelee anlegen, eine Scheibe Sable Breton neben den Dome legen und darauf eine Nocke Malagaeis setzen, in die ein Schokoladenstückchen gesteckt wird.

Biskuit
160 g Marzipanmasse
160 g Vollei (ca. 5 Eier)
30 g Mehl
2 g Backpulver
2 g Zimtpulver
50 g Butter

Karamellkern
30 g Zucker
150 g Sahne
2,4 g Gelatinepulver

Apfelmousse
60 ml Cidre
15 g Apfelkompott
15 g Eigelb
30 g Zucker
3 g Gelatinepulver
75 g Sahne
8 g Apfelbrand

Apfelgelee
25 g Zucker
3 g Gelatinepulver
35 g Apfelbrand

je eine Halbkugel-Silikonform mit 4 und 7 cm ø

Zum Servieren
Sable Breton (Seite 248)
Malagaeis
Physalisfrüchte
längliche Schokoladenstücke

SCHWARZER ADLER

Schokohalbkugeln
100 g dunkle Valrhona-Schokolade

Kirschwasserparfait
60 g Läuterzucker
(30 g Zucker in 30 ml Wasser gelöst)
30 g Eigelb
150 g Sahne
20 ml Kirschwasser

Kirschsorbet
50 g Glukosepulver
60 g Zucker
500 g Kirschpüree

Schokoladensorbet
100 g Zucker
80 g Vollmilchschokolade
80 g dunkle Schokolade

Schokoladencrumble
100 g Butter
60 g Kristallzucker
15 g Puderzucker
35 g gemahlene Mandeln
40 g Mehl
11 g Kakao

Kirschgelee, Blattgold, Vanillesauce und eingelegte oder frische Kirschen zum Garnieren

4 Plastikkugeln aus dem Bastelgeschäft (8 cm ø, hohl, aus 2 Halbkugeln bestehend)

SCHWARZWÄLDER KIRSCH

Ein Rezept für 4 Personen von Serge Rebillard, Patissier Schwarzer Adler

Schokolade im Wasserbad schmelzen und zunächst die Halbkugelformen herstellen: Die Schokolade gleichmäßig mit einem Pinsel in eine der Halbkugeln streichen (evtl. sind 2–3 „Anstriche" nötig). Erkalten lassen. Restliche Schokolade in Fäden in die zweite Halbkugel rinnen lassen, damit ein Gitter entsteht. Erkalten lassen und die beiden Schokoladenhalbkugeln abziehen.

Den Läuterzucker für das Parfait aufkochen, auf die Eigelbe gießen und aufschlagen, bis die Masse erkaltet ist. Sahne schlagen, mit dem Kirschwasser zum Eigelb geben und glatt rühren. Die Parfaitmasse in die Schokoladenkugelform gießen und einfrieren.

Glucosepulver, Zucker und 150 ml Wasser aufkochen, Kirschpüree einrühren und in der Eismaschine gefrieren.

Zucker mit 330 ml Wasser aufkochen, auf die Schokolade gießen und vermischen. Abkühlen lassen und in der Eismaschine gefrieren.

Für den Schokoladencrumble den Backofen auf 160 °C vorheizen. Alle Zutaten miteinander verrühren, den Teig ausrollen und ca. 12 Minuten im Backofen backen. Auf die gewünschte Form zuschneiden.

Zum Servieren Parfaitkugel aus dem Gefrierfach nehmen und jeweils einen Gitterdeckel aufsetzen. Mit Blattgold verzieren. Neben der Kugel Crumble-Stücke verteilen, eine Nocke Schokoladensorbet auf einen Streifen Kirschgelee setzen und mit Kirschen und Vanillesauce garnieren.

CASSISMOUSSE
MIT ZITRONENSORBET UND MERINGUE

Ein Rezept für 4 Personen von Serge Rebillard, Patissier Schwarzer Adler

Cassismousse
50 g Cassispüree
3 g Gelatinepulver
24 g Zucker
8 g Wasser
10 g Eiweiß
80 g Sahne

Meringue
50 g Eiweiß
100 g Zucker

Zitronensorbet
114 g Zucker
25 g Glukosepulver
(Seite 248)
150 ml Zitronensaft

rote Beerenfrüchte und Minzblätter zum Garnieren

Das Cassispüree aufkochen. Gelatinepulver unter das Püree mischen. Zucker mit Wasser auf 121 °C erhitzen. Auf das Eiweiß gießen und aufschlagen, bis die Masse erkaltet ist. Sahne steif schlagen. Cassispüree mit der geschlagenen Sahne unter die Eiweißmasse heben, in gewünschte Form umfüllen und im Kühlschrank gelieren lassen.

Eiweiß mit Zucker im warmen Wasserbad auf 40 °C erhitzen und kaltschlagen. In kleine, spitze Formen spritzen und 3 Stunden bei 70 °C im Backofen trocknen.

Zucker, 200 g Wasser und Glucosepulver aufkochen. Mit dem Zitronensaft mischen und in der Eismaschine gefrieren lassen.

Die Cassismousse auf Tellern anrichten, eine Kugel Sorbet darauf platzieren und mit Meringue, Früchten und Minzblättern garniert servieren.

LANDLUST
ZUM KOCHEN

FLAMMKUCHEN
TARTE FLAMBÉE

Rezept für 4 Personen von Dominique Gutleben, Küchenchefin Winzerhaus Rebstock

Teig
400 g Mehl
20 g Frischhefe
10 ml Olivenöl
1 Prise Salz

Grundbelag
6 EL Crème fraîche
3 EL Quark
Salz, schwarzer Pfeffer

Für den Teig das Mehl in eine Schüssel geben, eine Mulde in die Mitte drücken, die Hefe mit den Fingern zerbröseln und 250 ml Wasser in die Mulde hineingeben. Wasser und Hefe vorsichtig verrühren und 5 Minuten ruhen lassen, bis die Hefe etwas aufgeht. Dann an den Rand das Salz und in die Mulde das Öl geben, gut durchkneten und 30 Minuten gehen lassen. Anschließend den Teig in vier Portionen teilen und zu dünnen runden Fladen ausrollen.

Die Crème fraîche mit dem Quark verrühren und mit Salz und Pfeffer abschmecken. Sauce gleichmäßig dünn auf die ausgerollten Flammkuchenböden streichen und mit einer der Varianten belegen.

Backofen auf mindestens 250 °C vorheizen, Flammkuchen backen, bis der Boden goldgelb und knusprig ist (ca. 5–8 Minuten).

VARIANTE 1 (TRADITIONELL):
Mit Zwiebelscheiben und Speckwürfeln belegen und backen.

VARIANTE 2: (GRUYÈRE)
Wie Variante 1, aber zusätzlich mit geriebenem Gruyère bestreut.

VARIANTE 3: (MÜNSTERKÄSE)
Wie Variante 1, aber zusätzlich mit gereiftem Münsterkäse, gekochten Kartoffelscheiben und Kümmel nach Belieben belegt.

VARIANTE 4 (PROVENÇALE – SIEHE FOTO):
Champignons, Oliven, getrocknete, eingelegte Tomaten, junge Zwiebeln, Zucchini, Aubergine. Alle Zutaten kurz anbraten, erkalten lassen und dann die Böden damit belegen. Wahlweise zusätzlich nach dem Backen mit Bergschinken und Scheiben von frischen Tomaten belegen.

VARIANTE 5 (SÜSS):
6 EL Crème fraîche mit 3 EL Quark und etwas Zucker verrühren, darauf dünn geschnittene Apfelscheiben legen, mit Zimt bestreuen und mit Apfelbrand (oder Calvados) beträufeln und backen. Statt der Äpfel können auch Zwetschgen und Zwetschgenschnaps genommen werden.

KALBSNIEREN
IN POMMERY-SENF-SAUCE

*Rezept für 4 Personen von Dominique Gutleben,
Küchenchefin Winzerhaus Rebstock*

3 ganze Kalbsnieren 2 Schalotten 3 EL Traubenkernöl 300 ml Demi-glace (Seite 248) 4 EL Pommery-Senf 4 EL Sahne Salz, schwarzer Pfeffer	Die Nieren vom Nierenfett und den Sehnen befreien und in 1 cm breite Streifen schneiden. Die Schalotten schälen, in feine Würfelchen schneiden und im Traubenkernöl glasig anbraten. Die Nieren dazugeben und anrösten. Mit Salz und Pfeffer würzen. Für die Sauce die Demi-glace in einem Topf erhitzen, Senf und Sahne unterrühren. Die Nieren auf vorgewärmte Teller verteilen, die Sauce darübergeben.

TIPP: Dazu passen Bratkartoffeln, Nudeln oder Kartoffelpüree.

EINGEMACHTES
MILCHKALBFLEISCH

Rezept für 4 Personen von Irma Keller, der Mutter von Fritz Keller

Milchkalbfleisch
800 g Milchkalbfleisch ohne Knochen (von der Schulter)
1 Karotte
½ Sellerieknolle
3 Zwiebeln
4 Knoblauchzehen
8 Lorbeerblätter
2 Nelken
1 l trockener Weißburgunder
2 TL Salz

Sauce
60 g Butter
60 g Mehl
250 g Sahne
Weißwein nach Geschmack
Salz, schwarzer Pfeffer, Muskatnuss

Das Kalbfleisch in 3 cm große Würfel schneiden. Karotte, Sellerie, Zwiebeln, Knoblauch schälen und würfeln. Fleisch, Gemüse, Lorbeerblätter und Nelken mit dem Weißwein in einen Topf geben und 24 Stunden marinieren.

2 Liter Wasser zum Kochen bringen, das marinierte Fleisch und das Gemüse mit dem Sud zugeben und so lange köcheln lassen, bis das Fleisch gar ist (ca. 45–60 Minuten). Nach etwa 25 Minuten das Salz dazugeben. Wenn das Fleisch gar ist, die Brühe absieben und aufbewahren.

In einem separaten Topf die Mehlschwitze zubereiten: Die Butter zerlassen und das Mehl nach und nach einrühren. Mit einem Teil der Brühe ablöschen, mit Salz, Pfeffer und Muskat würzen. Nach Belieben Sahne und etwas Weißwein zugeben, anschließend mit dem Kalbfleisch vermengen.

TIPP: Dazu passen breite Nudeln, Champignons, gedünstete Frühlingszwiebeln und grüne Blattsalate.

REHRAGOUT
MIT HAUSGEMACHTEN SPÄTZLE

*Rezept für 6 Personen von Dominique Gutleben,
Küchenchefin Winzerhaus Rebstock*

Rehragout
2 kg Rehschulter,
ausgelöst
1 große Zwiebel
2 Karotten
½ Sellerieknolle
3 EL Traubenkernöl
3 EL Tomatenmark
3 EL Mehl
1 l Spätburgunder
1 l Wildfond (alternativ:
Kalbsbrühe)
1 Bouquet garni
(Seite 248)
Salz, schwarzer Pfeffer

Spätzle
1 kg Mehl
10 Eier
Salz, schwarzer Pfeffer

Champignons
300 g Champignons
50 g Butter
Salz, schwarzer Pfeffer

Die Rehschulter in 3 cm große Würfel schneiden. Zwiebel, Karotten und Sellerie schälen und fein würfeln. Das Fleisch im Öl in einem Schmortopf scharf anbraten, dann das Gemüse dazugeben und leicht anrösten. Tomatenmark dazugeben und ebenfalls anrösten. Mehl darüberstäuben und unterheben. Rotwein nach und nach dazugeben, immer wieder einreduzieren. Mit der Brühe auffüllen, Bouquet garni zugeben und ca. 1 ½ Stunden ohne Deckel kochen. Zum Schluss mit Salz und Pfeffer abschmecken und das Bouquet garni entfernen.

Für die Spätzle Mehl, Eier und nach Bedarf etwas Wasser zu einem zähflüssigen Teig verrühren, mit Salz und Pfeffer abschmecken. Den Teig auf einem Spätzlebrett mit einem großen Messer in kochendes Salzwasser schaben (oder durch eine Spätzlepresse drücken). Wenn die Spätzle nach oben steigen, sind sie gar und können mit einer Schaumkelle abgeschöpft werden.

Die Champignons putzen, vierteln, in Butter anbraten, würzen und zum Rehragout servieren.

TIPP: Als Beilage eignen sich Salate und Gemüse der jeweiligen Jahreszeit.

WEISSKÄSE

Rezept für 5 Personen von Irma Keller, Mutter von Fritz Keller

Zitrone auspressen, Vanilleschote auskratzen. Den Quark mit dem Zitronensaft und dem Vanillemark glatt rühren. Das Eiweiß mit dem Zucker steif schlagen; die Sahne separat steif schlagen.

Eiweiß vorsichtig unter die Quarkmasse heben, nach und nach die geschlagene Sahne untermengen. Die gesamte Masse auf einer Schüssel in ein mit einem Tuch ausgelegten Sieb für ca. 1 Stunde in den Kühlschrank stellen, damit die Molke abtropfen kann.

Zum Anrichten pro Person mit einem Löffel drei Nocken Weisskäse abstechen und je nach Jahreszeit mit Erdbeeren, Himbeeren oder Physalis und einem Minzeblatt garnieren.

TIPP: Dazu passt Vanillesauce, in die ein bisschen Himbeermark eingezogen wird.

Weisskäse
½ Zitrone
½ Vanilleschote
250 g Quark
250 g Eiweiß
(von ca. 17 Eiern)
125 g Zucker
500 g Sahne

zum Servieren
Physalisfrüchte
Melissenblätter
Orangensegmente

MODERN
BADISCH
KULINARISCH

POCHIERTES EI IM GLAS
MIT KONFIERTER PERLHUHNKEULE

Rezept für 4 Personen von Marcus Helfesrieder,
Küchenchef KellerWirtschaft

Konfierte Perlhuhnkeule
2 Perlhuhnkeulen
1 TL Meersalz
5 Pfefferkörner
1 Rosmarinzweig
1 Thymianzweig
je 2 Lorbeerblätter und
Wacholderbeeren
abgeriebene Schale
von 1 Zitrone
ca. 0,5 l Olivenöl und
Rapsöl zum Konfieren
4 EL Perlhuhnjus
(ersatzweise Kalbsjus)

Kartoffelschnee
2 große mehlig kochende Kartoffeln, geschält
30 g Butter, 50 g Sahne
Salz, schwarzer Pfeffer,
Muskat

Pochierte Eier
4 ganz frische Eier
Fleur de sel

Brunnenkressesauce
200 ml Geflügelbrühe
50 ml Portwein weiß
100 ml Sahne
1 Bund Brunnenkresse

Zum Servieren
4 Einmachgläser

Die Perlhuhnkeulen von Haut und Knochen befreien. Gewürze mit der Zitronenschale in einem Mörser zermahlen. Perlhuhnkeulen mit der Gewürzmischung marinieren und 2 Stunden zugedeckt ziehen lassen.

In einem kleinen Topf Oliven- und Rapsöl auf 65 °C erhitzen. Die vollständig vom Öl bedeckten Keulen ca. 2 Stunden bei gleichbleibender Temperatur konfieren. Anschließend die weichen Keulen aus dem Öl nehmen, gut abtropfen lassen, das Fleisch vom Knochen lösen und in kleine Würfel schneiden. Die Jus erwärmen und die Perlhuhnwürfel darin glasieren. Je 1 EL Jus mit Perlhuhnwürfeln in die Gläser füllen.

Die Kartoffeln in Salzwasser weich kochen, abgießen und durch eine Spätzlepresse in eine Schüssel drücken. Butter würfeln, zu den Kartoffeln geben und alles glatt rühren. Die Sahne aufkochen und nach und nach so viel Sahne zu den Kartoffeln geben, bis die Masse sämig ist. Mit Salz, Pfeffer und Muskat abschmecken. Je 1 EL auf die Perlhuhnkeulen in die Gläser geben.

Den Dampfgarer auf 64 °C vorheizen. Die Eier vorsichtig auf den Kartoffelschnee in die Gläser geben. Die Gläser auf ein Blech stellen, mit Folie abdichten und 1 Stunde unter Dampf garen. Alternativ die Gläser in einem Wasserbad bei gleicher Temperatur in den Ofen geben.
Die fertigen Eier mit 1 Prise Fleur de sel würzen.

Für die Sauce die Geflügelbrühe und den weißen Portwein auf die Hälfte reduzieren. Die Sahne zugeben und kurz mitköcheln lassen. Die Brunnenkresse waschen, trocken tupfen, von den Stielen zupfen und in Salzwasser blanchieren, bis die Blätter weich sind. Durch ein Sieb passieren, dabei gut ausdrücken, und zur Sauce geben. Mit einem Pürierstab oder im Mixer gut mixen und erneut durch ein feines Sieb geben. Mit Salz und Pfeffer abschmecken und auf das Ei geben.

BOUILLABAISSE

*Rezept für 4 Personen von Marcus Helfesrieder,
Küchenchef Kellerwirtschaft*

Den Hummer in sprudelnd kochendem Salzwasser 2 Minuten kochen. Aus dem Wasser nehmen, die Scheren ablösen und noch einmal 2 Minuten kochen. Alles in Eiswasser abschrecken. Den Hummer auslösen, das Fleisch beiseitestellen und etwas Fischfond angießen.

Den Wolfsbarsch schuppen, filetieren und die Gräten entfernen. Die Gräten wässern. Seezunge mit Gräten in vier Stücke schneiden. Die Jakobsmuscheln auslösen und das Muskelfleisch gut säubern. Muscheln mit etwas Mirepoix mit Olivenöl in einem Topf anschwitzen, mit einem Schuss Weißwein ablöschen und bei geschlossenem Deckel 5 Minuten ziehen lassen.

Die Hummerkarkassen in einem flachen Bräter in Olivenöl langsam anbraten, nach 10 Minuten das restliche Mirepoix zugeben und weiter rösten. Die Karkassen mit Cognac ablöschen und flambieren. Mit je 200 ml Weißwein, Portwein und Noilly Prat ablöschen und 5 Minuten reduzieren lassen. Mit den passierten Tomaten und dem restlichen Fischfond auffüllen. Pfefferkörner, Lorbeerblätter, Wacholderbeeren, Piment, Basilikum, Rosmarin, Thymian, Estragon und Zitronengras zugeben. Wolfsbarschgräten und fast den ganzen Fond der Muscheln zugeben und 3–4 Stunden ziehen lassen.

Durch ein feines Tuch passieren und den Fond auf die Hälfte reduzieren. Die Sahne und die Safranfäden zugeben und weitere 5 Minuten köcheln lassen. Mit Salz, Pfeffer und Piment d'Espelette abschmecken.

Backofen auf 80 °C vorheizen. In einen zweiten Bräter Hummer und Muscheln geben und bei geöffneter Ofentüre lauwarm werden lassen. Die Calamaretti in dünne Ringe schneiden. Calamaretti und die Seezungen von beiden Seiten halb gar braten. Den Wolfsbarsch nur auf der Haut anbraten. Die Jakobsmuscheln auf beiden Seiten kurz anbraten.

Estragon waschen, trocken schütteln und hacken. Fisch und Meeresfrüchte auf einem vorgewärmten Teller anrichten und den Estragon darüberstreuen. Die kochende Bouillabaisse zügig mit der kalten Butter mixen und über den Fisch geben. Mit Knoblauchbrot servieren.

2 ganze Hummer
2 l Fischfond
1 Wolfsbarsch
1 Seezunge ohne Haut
4 Jakobsmuscheln
200 g Muscheln, geputzt, z.B. Miesmuscheln
300 g helles Mirepoix (Seite 248)
200 ml trockener Weißwein zzgl. Weißwein zum Ablöschen
4 Hummerkarkassen
4 cl Cognac
200 ml weißer Portwein
200 ml Noilly Prat
4 l passierte Tomaten
je 1 TL Pfefferkörner, Lorbeerblätter, Wacholderbeeren, Piment und je 1 Basilikum-, Rosmarin-, Thymian- und Estragon,
1 Stängel Zitronengras
300 g Sahne
5 Safranfäden
4 Calamaretti, geputzt
Olivenöl
50 g frische Butter
Salz, schwarzer Pfeffer, Piment d'Espelette (Seite 248)

Tomatenfond
600 g reife Tomaten
½ Bund frischer Basilikum
1 TL alter Apfelbalsamessig
50 g Würfel Butter
Salz, schwarzer Pfeffer, Zucker

Ragout
1/2 Kalbskopf, ausgelöst und geputzt
300 g Mirepoix (Seite 248)
je 5 Pfefferkörner, Lorbeerblätter, Wacholderbeeren, Pimentkörner
100 g frische Erbsen, gepuhlt
100 g Wassermelonenfruchtfleisch
100 ml Sahne
Butter zum Anbraten
Salz, Pfeffer, Puderzucker

Garnelen
4 Wildwassergarnelen, Größe 6–9
Olivenöl zum Anbraten
je 1 Rosmarin- und Thymianzweig
1 Knoblauchzehe
50 g frische Butter

Zum Servieren:
schwarze Oliven, halbiert
gelbe Paprika, in Streifen geschnitten
4 Thymianzweige

KALBSKOPFRAGOUT
MIT WILDWASSERGARNELE

Rezept für 4 Personen von Marcus Helfesrieder, Küchenchef KellerWirtschaft

Am Vortag den Tomatenfond vorbereiten:
Die Tomaten waschen und den Strunk entfernen. Tomaten vierteln und zusammen mit je 1 Prise Salz und Zucker und den Basilikumblättern pürieren. Ein Sieb in eine Schüssel stellen und mit einem feinen Tuch auslegen. Die pürierten Tomaten hineingeben, das Tuch oben zusammenknoten, an einer Schnur aufhängen und den klaren Saft auffangen. Nach einem Tag den Saft aufkochen und auf die Hälfte reduzieren. Die Sahne zugeben und weitere 5 Minuten köcheln lassen. Mit Salz und Pfeffer abschmecken und kurz vor dem Servieren 1 TL alten Apfelbalsamessig zugeben.

In einem Topf leicht gesalzenes Wasser zum Kochen bringen. Den Kalbskopf, das Mirepoix und die Pfefferkörner, Wacholderbeeren, Lorbeerblätter und Pimentkörner hineingeben. Bei 85 °C ca. 1 ½ Stunden ziehen lassen und beachten, dass der Kalbskopf dabei immer mit Wasser bedeckt ist. Wenn sich der Kalbskopf mit dem Daumen und dem Zeigefinger durchdrücken lässt, ist er gar. Den Kopf aus dem Fond nehmen, abkühlen lassen und in 2 cm große Würfel schneiden. Bis zum Servieren in der Hälfte des Tomatenfonds warm halten.

Die Erbsen in Salzwasser blanchieren und zum Kalbskopfragout geben. Das Wassermelonenfruchtfleisch würfeln. Die Melonenwürfel in Butter anbraten und mit Salz, Pfeffer und Puderzucker würzen. Ebenfalls zum Ragout geben. Sahne hinzugeben, das Ragout vorsichtig mischen und mit Salz und Pfeffer abschmecken.

Den Ofen auf 100 °C vorheizen. Die Garnelenschwänze auslösen und schälen. Die Schwänze am dicken Ende 1–2 cm einschneiden, mit Salz und Pfeffer würzen. In einer heißen Pfanne mit Olivenöl kurz und scharf anbraten und 2–3 Minuten in den Ofen stellen. Rosmarin, Thymian, eine Knoblauchzehe und die Butter zugeben.

Das Ragout in einem tiefen Teller anrichten und je eine noch glasige Garnele darauflegen. Den restlichen Tomatenfond mit einem Würfel Butter aufmontieren und darübergeben. Mit Oliven, gelber Paprika und Thymianzweig servieren.

GEBRATENE GANZE SEEZUNGE
MIT LA-RATTE-KARTOFFELN

*Rezept für 4 Personen von Marcus Helfesrieder,
Küchenchef KellerWirtschaft*

La-Ratte-Kartoffeln
600 g La-Ratte-Kartoffeln
150 ml Gemüsefond
75 g Butter

Die Kartoffeln in der Schale in Salzwasser garen. Kochwasser abschütten und die Kartoffeln noch warm schälen. In einer Sauteuse Gemüsefond reduzieren und mit Butter abbinden. Die Kartoffeln hineingeben und glasieren.

Seezunge
4 Seezungen à
400–500 g, ohne Haut
Saft von 1 Zitrone
6 EL Mehl zum
Bestäuben
Olivenöl und Erdnussöl
zum Anbraten
75 g Butter
50 g Blattpetersilie,
gewaschen und gehackt
Salz, schwarzer Pfeffer

Die Seezungen auf der Kopfseite entlang der Mittelgräte auf beiden Seiten bis zur Hälfte einschneiden. Mit Salz, Pfeffer und einem Spritzer Zitronensaft würzen. In einer Pfanne Oliven- und Erdnussöl erhitzen. Die Seezunge mit Mehl bestäuben und in die Pfanne geben, die Hitze verringern und wenige Minuten auf beiden Seiten anbraten. Wenn sich die Filets von den Gräten lösen, die Seezungen auf Küchenpapier abtropfen lassen und auf vorgewärmte Teller legen. In einer Pfanne die Butter zerlassen, mit wenig Zitronensaft, Salz und Pfeffer abschmecken, zum Schluss die Petersilie zugeben. Die Butter über die Seezungen geben.

La-Ratte-Kartoffeln neben der Seezunge anrichten und jede Seezunge mit einer dicken Scheibe Zitrone belegen.

*Zitronenscheiben
zum Garnieren*

APRIKOSENCLAFOUTIS MIT BUTTERSTREUSEL, SAUERRAHMEIS UND HOLUNDER-BEERENSUPPE

Zutaten für 4 Personen von Marcus Helfesrieder, Küchenchef KellerWirtschaft

Sauerrahmeis
125 g Sahne
180 g Puderzucker
375 g Sauerrahm
70 ml Zitronensaft

Holunder-Beerensuppe
100 g gemischte Beeren
100 ml Holunderblütensirup
Saft von 1 Zitrone
200 ml Rieslingsekt

Butterstreusel
50 g Butter (Zimmertemperatur)
50 g Mehl
50 g Zucker

Aprikosenclafoutis
4 reife Aprikosen
250 g Crème fraîche
60 g gehackte Mandeln
20 g Mehl
100 g Zucker
2 Eigelb, 1 Ei
Mark von 1 Vanilleschote
Salz, Zimt
frische Butter und gehackte Mandeln für die Formen

Zum Servieren
4 Schnapsgläser
Minzeblätter

Für das Sauerrahmeis die Hälfte der Sahne aufkochen, den Puderzucker darin auflösen und die Masse abkühlen lassen. Die Sahne-Zucker-Mischung mit der restlichen Sahne, dem Sauerrahm und dem Zitronensaft mischen und in der Eismaschine nach Herstellerangaben gefrieren.

Für die Holunder-Beerensuppe die Beeren kurz anfrieren, dann mit Holunderblütensirup und Zitronensaft vermischen. Fein pürieren und passieren. Mit Rieslingsekt nach Belieben aufgießen.

Den Ofen auf 160 °C vorheizen. Butter, Mehl und Zucker miteinander vermengen und auf ein mit Backpapier belegtes Backblech bröseln. Die Streusel ca. 10 Minuten goldbraun backen. Abkühlen lassen und noch einmal fein zerbröseln.

Ofentemperatur auf 180 °C erhöhen. Kleine Backformen buttern und mit gehackten Mandeln ausstreuen. Die Aprikosen waschen und halbieren, den Kern entfernen. Die Hautseite leicht einschneiden. Crème fraîche, gehackte Mandeln, Mehl, Zucker, Eigelbe und Ei ca. 2 Minuten miteinander verrühren. Vanillemark und je 1 Prise Salz und Zimt unterrühren. In jede Form 1 EL Teig hineingeben. Die Aprikose mit der Hautseite nach oben in die Form legen und mit der Masse bis an den Rand auffüllen. Ca. 15 – 18 Minuten backen.

In der Zwischenzeit die Holunder-Beerensuppe in ein Schnapsglas füllen. Minzeblätter waschen, trocken schütteln und in Streifen schneiden. Holunder-Beerensuppe mit den Minzestreifen garnieren. Mit einem warmen, länglichen Suppenlöffel eine Nocke vom Sauerrahmeis abstechen und auf den Butterstreuseln anrichten. Clafoutis aus der Form stürzen, mit Puderzucker bestreuen und mit auf den Teller geben. Sofort servieren.

FASZINATION ELSASS

Es gibt wahrscheinlich kein anderes Fleckchen Erde auf dieser Welt, das Genießer, Feinschmecker, Weinfreunde und Kunstinteressierte gleichermaßen schätzen und lieben wie das Elsass. Es existiert eine geradezu schwärmerische Verehrung für den kleinen Landstrich entlang der Vogesen und des Rheins, der als ewiger Zankapfel zwischen Deutschland und Frankreich alles andere als eine friedliche Vergangenheit erleben musste. Dennoch scheinen die pittoresken Dörfer und herausgeputzten Kleinstädte wie ein Relikt aus der guten alten Zeit, wie ein nostalgisches Gesamtkunstwerk zum Staunen.

Hier steht die Kirche noch mitten im Dorf, nur wenige Schritte entfernt erinnert das unverzichtbare Kriegerdenkmal an das wechselvolle und leidvolle Schicksal der Elsässer. In den Straßen und engen Gassen laden Winzerhöfe zur „Degustation" ein und unzählige Restaurants und Gasthöfe scheinen um die Wette zu kochen, um den guten Ruf des Elsass als Feinschmeckerland tagtäglich zu bestätigen. Das Elsass zwingt dem Reisenden einen beschaulichen Rhythmus auf, wirkt aus vielen Perspektiven beruhigend: sei es beim Betrachten der unzähligen Baudenkmäler von der Romanik bis zur Moderne, beim Wandern durch Täler oder auf den Höhen der Vogesen, beim Bummel durch die geschichtsträchtigen Orte und Städte der Grenzregion oder bei der Einkehr in eines der vielen gastlichen Restaurants: Die bekennende Lust des Landstrichs und seiner Bewohner am guten, genussvollen Leben ist sicherlich das beste Argument für einen Ausflug ins Elsass.

DEUTSCH-FRANZÖSISCHES KULTURMODELL

Die vielen Liebeserklärungen an das Elsass haben ihre Wurzeln in der Sehnsucht nach einem romantischen Refugium, nach einer erholsamen Nische für ruevelosen Genuss und einer ländlichen, unbeschwerten Lebensfreude, die im Alltag abhanden gekommen zu sein scheint. Das Elsass befriedigt diese Sehnsucht geradezu perfekt. Es bietet mit seiner Landschaft und den kleinen Orten und Städten eine einzigartige Kulisse für das Zusammenspiel von französischem „Savoir Vivre" und deutschem Ordnungssinn, eine ideale Kombination aus germanischer Bodenständigkeit und französischer Phantasie. Das auf den ersten Blick unvereinbar Gegensätzliche hat sich im Schnittpunkt der Kulturen zu einer eigenständigen Lebensart entwickelt, die selbstbewusst zwischen einer germanischen und einer romanischen Welt wechselt. Die Elsässer haben im Laufe ihrer bewegten Geschichte, die vor allem von Grenzstreitigkeiten gekennzeichnet war, beide Modelle behutsam verfeinert, Gemeinsamkeiten zusammengeführt und deutsche und französische Mentalitäten in ihre eigenständige Identität integriert. Vielleicht hat die ewige Gratwanderung zwischen zwei Kulturen den Elsässern die besondere Gabe verliehen, neue Situationen und Gegebenheiten ohne die einschneidende Radikalität eines Neubeginns in Bestehendes harmonisch zu integrieren.

DAS WECHSELSPIEL DES ELSASS

Der Weg dorthin war lang und beschwerlich und beginnt mit den Römern. Nach der Eroberung Galliens durch Caesar kommt das Elsass unter römische Herrschaft. Schon damals ist der Rhein Grenzfluss und markiert den östlichen römischen Einflussbereich. Nach Abzug der römischen Truppen wird das Elsass Teil des Fränkischen Reiches und erlebt eine starke Zuwanderung germanischer Siedler. Straßburg, seit Anfang des 7. Jahrhunderts Bischofssitz, wird zur einflussreichsten Stadt der Region. Die wechselvolle staatspolitische Zugehörigkeit, die das Elsass bis 1945 erlebt, deutet sich schon Mitte des 9. Jahrhunderts an, als die Region in Folge der fränkischen Reichsteilung immer wieder die Seiten wechselt. Bis zum Westfälischen Frieden im Jahre 1648 bleibt das Elsass unter der verwaltungspolitischen Herrschaft des Heiligen Römischen Reichs Deutscher Nation. Das Königreich Frankreich, das seit Anfang des 17. Jahrhunderts ohnehin in den meisten elsässischen Regionen die Landesherrschaft ausübt, übernimmt nach und nach die hoheitliche und politische Gewalt über das ganze Elsass. Allerdings gewährt der französische König den Elsässern eine gewisse Autonomie und Selbstverwaltung, die elsässischen Dialekte werden geduldet und an der Universität Straßburg wird nach wie vor in deutscher Sprache gelehrt.

Mit dem „Sturm auf die Bastille" im Jahre 1789 beginnt eine neue europäische Epoche und mit ihr kommen die Ideen und Ideale von Freiheit, Gleichheit und Brüderlichkeit auch an den Rhein. Die Marseillaise ist das Lied der Zeit, für das Elsass bedeutet die französische Revolution vor allem den Verlust von alten Rechten. Im Zuge der Zentralisierung des französischen Staates entstehen die beiden elsässischen Departementes Haut-Rhin und Bas-Rhin, deren Grenzen bis heute Bestand haben. Doch die beiden Bezirke bleiben keine hundert Jahre unter französischer Verwaltung. Mit dem deutsch-französischen Krieg 1870, der mit der Niederlage Frankreichs endet, wird das Elsass zusammen mit Lothringen im Frankfurter Frieden an das neu gegründete Deutsche Kaiserreich abgetreten. Damit beginnt eine Germanisierung des Elsass, die nicht ungeschickter hätte sein können. Preußische Beamte übernehmen die Verwaltung des sogenannten „Reichslandes Elsass-Lothringen", Kaiser Wilhelm lässt die Hohe Königsburg wieder aufbauen und auf dem einzigen Turm des Straßburger Münsters flattert die schwarz-weiß-rote Fahne. Mit Ausbruch des Ersten Weltkrieges marschieren Elsässer 1914 unter den kaiserlichen Farben als deutsche Soldaten in den Krieg, kämpfen gegen ihre ehemaligen Landsleute und werden nach der Niederlage Deutschlands und der Abdankung des Kaisers wieder Franzosen. Doch diesmal zeigt sich die Regierung in Paris gegenüber den Elsässern, die zum allergrößten Teil deutsche Muttersprachler sind, wenig tolerant. Die französische Sprache wird jetzt als verbindliche Amts- und Schulsprache eingeführt, reichsdeutsche Beamte und nach 1871 zugezogene Deutsche sowie deren Nachfahren müssen das Elsass verlassen und auf dem Turm des Straßburger Münsters weht nun die Trikolore.

Das gleiche Spiel in die andere Richtung müssen die Elsässer nur rund zwei Jahrzehnte später über sich ergehen lassen. Nach dem siegreichen Frankreichfeldzug besetzt die Deutsche Wehrmacht das Elsass und unterstellt es der reichsdeutschen Zivilverwaltung des neu geformten Gau Baden-Elsass. Jetzt muss wieder deutsch gesprochen werden, eine systematisch betriebene Germanisierung erfasst die ganze Region. Auf dem Straßburger Münster weht nun die Hakenkreuzfahne. Junge Elsässer werden zur Wehrmacht eingezogen, die meisten der sogenannten „malgré-nous" (gegen unseren Willen) kommen an der Ostfront zum Einsatz und zahlen einen hohen Blutzoll. Mit der Invasion der Alliierten in der Normandie ist das Ende der nationalsozialistischen Herrschaft im Elsass nur noch eine Frage der Zeit. Ende des Jahres 1944 beginnt die Befreiung der Grenzregion durch amerikanische Truppen unter Beteiligung der Ersten Französischen Armee und General Leclers legendärer 2. Panzerdivision. Das Elsass ist wieder französisch. Auf dem einzigen Turm des Straßburger Münsters wird die Trikolore gehisst, und dort wird sie auch bleiben. Dass das

Europäische Parlament in Straßburg seinen Sitz genommen hat, ist ein Resultat dieser Geschichte, die den Spagat der Integration nationaler Eigenarten und die Verschmelzung von unterschiedlichen Mentalitäten im Laufe der Geschichte immer wieder vollziehen musste. Und wo sonst wäre das besser gelungen, als im Elsass. Das Elsass ist heute grenzenlos europäisch, nicht ganz französisch und auch nicht deutsch: Wechselhaft, aber in jedem Fall typisch elsässisch.

FEINSCHMECKERLAND

Frankreichs östliche Grenzregion ist zugleich die erste Gourmet-Adresse der „Grande Nation". Nirgendwo sonst – sieht man einmal von Paris und seinen hoch dekorierten Restaurants ab – gibt es eine derartige Fülle und Vielfalt unterschiedlichster Restaurants, vom ausgezeichneten Gourmet-Tempel mit internationalem Kultstatus bis zur Ferme-Auberge mit einfachen Gerichten aus Produkten, die aus eigener landwirtschaftlicher Produktion stammen. Das Elsass glänzt kulinarisch nicht nur in der sich europäisch gebenden Hauptstadt Straßburg oder dem sehenswerten Colmar mit seiner gut erhaltenen Altstadt. Das kulinarische Elsass ist überall: an abgelegenen und wenig bekannten Orten genauso wie mitten im Getümmel der touristischen Besichtigungs-Hochburgen entlang der Weinstraße, die sich durch das Rebenmeer der sanften Hügellandschaft schlängelt. Natürlich wird im Elsass nicht überall gleich gut gegessen und getrunken. Es bedarf nicht nur zuverlässiger Empfehlungen, sondern auch der Bereitschaft, den angemessenen Preis für den entsprechenden Genuss zu bezahlen, will man sich auf das wahre, erlebenswerte kulinarische Elsass einlassen. Qualität hat ihren Preis, das gilt für den einfachen Landgasthof ebenso wie für den luxuriösen Gourmet-Tempel. Beides ist im Elsass zu finden, in friedlicher

kulinarischer Koexistenz, denn gerade ein genussvolles Leben bedingt die Abwechslung. Und das Elsass bietet davon eine ganze Menge. Wie aus einer ländlichen Küche mit deftigen Fleischgerichten, Sauerkraut und Gemüse eine Gourmet-Küche entstehen kann, haben allen voran die Haeberlins in Illhaeusern vorgemacht. Jeder Gourmet kennt ihren Namen, viele deutsche Spitzenköche haben in diesem Restaurant ihr Handwerk gelernt und die „Grande Nation" feiert sie zu Recht als Künstler am Herd und Botschafter des guten Geschmacks.

TYPISCHE VIELFALT

Von einer typischen Elsässischen Küche zu sprechen, wird der Vielfalt des Angebotes in den Restaurants, Gasthöfen, Brasserien und Weinstuben nicht ganz gerecht, obwohl es natürlich Gerichte gibt, die hier ihren Ursprung haben und die nirgendwo besser hinpassen als ins Elsass. Aber genau diese als typisch bezeichneten Speisen würden die Elsass-Küche auf einige wenige Spezialitäten reduzieren. Denn bei genauem Hinsehen ist die ursprüngliche Küche des Elsass eine traditionell bäuerliche Küche, wie sie die ländliche Provinz hervorbringt. Herzhaft und sättigend und aus den Produkten, die der heimische Markt zur Verfügung stellt. Die Grundprodukte für die traditionelle Elsässer Küche kommen zum größten Teil aus den beiden Départements Haut-Rhin und Bas-Rhin: Fische aus dem Rhein und den kleinen Flüssen, die sich durch die Rheinebene schlängeln, Wild aus den nahen Wäldern, Fleischgerichte vom heimischen Vieh, teilweise zu schmackhaften Pasteten verarbeitet, Käse aus der Milchproduktion, Gemüse und Obst aus der fruchtbaren Rheinebene und dazu ein Wein von den Rebhängen zu Füßen der Vogesen oder ein frisch gezapftes Bier aus einer der vielen Brauereien rund um Straßburg.

DEFTIGES MIT RAFFINESSE

Aber das Elsass ist und isst längst mehr als Riesenportionen Sauerkraut mit Bergen von Kartoffeln und aufgeschichteten Würstchen und Speck oder fette Fleischpasteten. Die kreative Kochkunst hat im Laufe der Jahre aus der herzhaften Grundsubstanz verfeinerte und abgespeckte Varianten entwickelt, ist dem Deftigen mit der Raffinesse der klassischen französischen Küche begegnet und hat das heimische Angebot mit nationalen und internationalen Produkten und Gewürzen bereichert. Neue Produkte aus dem reichen Portfolio der französischen Provinzen jenseits der Vogesen kamen ins Elsass. Doch trotz der ständigen Verfügbarkeit eines internationalen Angebotes und damit der Versuchung, traditionelle Gerichte, Kochmethoden und Geschmacksbilder gegen aromatischen Mainstream auszutauschen, ist es im Elsass gelungen, Altbewährtes und Ursprüngliches dezent und behutsam in neue Stile zu integrieren und neu zu interpretieren, ohne dabei die Wurzeln zu verleugnen.

Einen richtigen tiefen Bruch mit der bäuerlichen Küche gab es im Elsass nie. Über allen kreativen Neuentwicklungen schwebte immer die Koch-Tradition des Landes und damit die Berücksichtigung gewachsener kulinarischer Gewohnheiten und Ansprüche. Aus den Gourmet-Küchen des Elsass kamen denn auch weniger die revolutionären und in ihrer Ausführung teils spartanischen Kochideen der Nouvelle Cuisine, als vielmehr die handwerkliche Perfektion des Kochens und die Vorstellung, eine Regionalküche auf höchstem Niveau zu verfeinern und sich dabei vor allem der heimischen Produkte zu bedienen. Präzision auch in rustikalen Traditionsspeisen, gepaart mit Edelprodukten und exotischen Aromen: Da wird schon mal die Metzger-Blutwurst mit Zimt und Nelken parfümiert, das Schweinsohr getrüffelt und der Kalbskopf mit Foie Gras verfeinert. Exakt gesetzte Nuancen, Harmonie statt Kontraste auch im Zusammenspiel von Tradition und der „Cuisine du monde". Die Elsässer Küche hat sich keinem Trend verschlossen, aber hat auch keinen Trend zum Credo ihrer profunden Kochidee gemacht. Man ist durchaus experimentierfreudig, aber vorsichtig, vielleicht auch ein wenig misstrauisch. Was heute von manchem Kritiker mit Stillstand bezeichnet wird, wo Innovation vermisst und mehr Kreativität gefordert wird, hat über alle Anstürme der unterschiedlichsten Küchenstile und Ess-Gewohnheiten aus fernen Ländern eine gesunde Basis an klassischer Elsässer Küche bewahrt. Dieses Bekenntnis sichert gleichzeitig auch kleinen Spezialisten wie Metzgern, Bäckern, Konditoren, Käsern, aber auch Winzern, Bierbrauern und Schnapsbrennern das Überleben. Zwar sind auch im Elsass die Spuren der modernen Lebensmittelvermarktung in riesigen Supermärkten vor den Stadttoren nicht zu übersehen. Daneben hat sich aber in vielen dörflichen Strukturen das kulinarische Handwerk erhalten, das frische und vor allem individuelle Ware produziert und damit eines der letzten Bollwerke gegen den Einheitsgeschmack bildet. Vielleicht wird auch deswegen kein anderes Fleckchen Erde auf dieser Welt von Genießern, Feinschmeckern, Weinfreunden und Kunstinteressierten gleichermaßen geschätzt und geliebt wie das Elsass.

KULTSTÄTTE DES GENUSSES

DIE HAEBERLINS

Während sich in den geschichtsträchtigen Städten und Gemeinden entlang der Elsässer Weinstraße die Touristen tummeln und jenes Elsass suchen und finden, das mit pittoresken Motiven auftrumpft und in den engen Gassen mit ihren alten Fachwerkhäusern, stattlichen Winzerhöfen und Gasthäusern einen Blick in die vermeintlich gute alte Zeit freigibt, geht es in Illhaeusern auffällig beschaulich und ruhig zu.

Hier halten keine Reisebusse, die für wenige Stunden Heerscharen von Touristen aus aller Herren Länder ausspucken, die mit Kameras bewaffnet ihr ganz persönliches Elsass-Bild festhalten und in den ungezählten kleinen Läden das typische Souvenir suchen, das wie eine Trophäe die Erinnerung an den Ausflug wachhalten soll. Illhaeusern ist unaufgeregt und passt in kein Klischee romantischer Dörfer der französischen Grenzregion. Die kleine Gemeinde in der Oberrheinebene, zwischen Colmar und Sélestat nahe der Mündung der Fecht in die Ill gelegen, wirkt auf den ersten Blick etwas verloren im herausgeputzten Sightseeing-Elsass. Eine ländliche Idylle ohne Sehenswürdigkeiten. In einem weiten Bogen führt die „Rue du 25 Janvier" durch den Ort, vorbei an der katholischen Kirche St. Peter und Paul und gepflegten Häusern mit bunt bepflanzten Blumenkästen, die wie auf eine Perlenschnur aufgezogen entlang der Hauptstraße Spalier stehen. Es ist merklich ruhig in Illhaeusern, nur rund 750 Einwohner zählt das ehemalige Fischerdorf an der Ill, das Ende des 15. Jahrhunderts erstmals in den Annalen auftaucht und dessen frühere Bewohner Fischer und Flussschiffer

waren, die mit ihren flachen Booten hauptsächlich Korn und Wein nach Straßburg transportierten.

Und dennoch ist dieser kleine Ort zu Weltruhm gelangt, ist Illhaeusern seit Jahrzehnten eine Pilgerstätte für Gourmets und Feinschmecker aus aller Welt, ein Treffpunkt des auserwählt guten Geschmacks für Prominente, Stars und Sternchen, aber auch für diejenigen, die einfach nur gut essen möchten. Denn mitten im Ort steht ein Monument der französischen Küche, kein martialisches Denkmal aus Stein, sondern ein dynamisches Restaurant, das den weltweiten Ruf des Elsass als Feinschmeckerparadies und Frankreichs Anspruch, die Grande Nation der Gourmandise zu sein, maßgeblich geprägt, bis heute erhalten, aber vor allem immer wieder erneuert hat.

DER GRÜNE BAUM

Dass Karrieren, die durch neue Ideen und Akzente letztendlich die Welt verändern und damit auch die Kultur in vielfältiger Art und Weise bereichern, meist unspektakulär beginnen, verleiht ihnen einen besonderen Charme und gibt uns das beruhigende Gefühl, dass auch das Außergewöhnliche seinen Ursprung in der Normalität hat. In Illhaeusern nimmt die Geschichte einer solchen Karriere fast unbemerkt von der Öffentlichkeit ihren Anfang, ein wenig im Verborgenen, bescheiden und ohne Aufsehen. Sie beginnt in einem kleinen Gasthaus an der Ill, das der 1859 geborene Landwirt und Fischer Frédéric Haeberlin im Jahre 1882 eröffnet und ihm den Namen „l'Arbre Vert", der „Grüne Baum", gibt. Es ist eine einfache Auberge, ein typisches Landgasthaus, das vor allem von den Fischern, Winzern und Bauern aus dem Ort besucht wird. Matelotes in Riesling, Bratfische, Sauerkraut und selbstgebackene Kuchen sind die Spezialitäten

der Auberge, während der Jagdsaison kommen frische Wildgerichte aus der Küche von Madame Frédérique Haeberlin auf den Tisch. Dazu serviert Monsieur kräftigen Sylvaner und Riesling aus den nahen Elsässer Weinbergen. Nach und nach wird das Gasthaus der Haeberlins zu einer bekannten Adresse in der Region. Die Qualität der bodenständigen Küche spricht sich schnell herum und lockt immer mehr Gäste aus Straßburg, Colmar und Schlettstadt nach Illhaeusern. Auch Monsieur Peugeot, ein Spross aus der berühmten französischen Autobauerdynastie, sitzt, wenn er im Elsass zur Jagd weilt, am liebsten im „l'Arbre Vert" und lässt es sich schmecken. Man schätzt nicht nur das gute Essen und die Weine, sondern auch die besondere Gastfreundschaft der Haeberlins. Eine kleine Genusswelt an der Schnittstelle zweier Länder, deren jeweiliger territorialer Anspruch auf das Elsass für rund vier Jahrzehnte schlummern wird. Noch ahnt niemand, dass aus der Gastwirtsfamilie Haeberlin zwei Generationen später ein Koch hervorgehen wird, den Paul Bocuse als „ein Monument der französischen Küche" bezeichnet hat.

SAUERKRAUT ODER CHOUCROUTE

Bis dahin vergehen noch einige Jahre, in denen das kleine Illhaeusern immer wieder mit den Widrigkeiten des Weltgeschehens konfrontiert ist. Ende Juli 1914 wird für das damals deutsche Elsass der Kriegszustand verhängt. Der mit „Hurra" begrüßte Waffengang mit dem Nachbarn wird vier lange Jahre dauern, das alte Europa aus den Angeln heben und grundlegend verändern. Die sogenannte Erbfeindschaft zwischen Deutschland und Frankreich bekommt im Ersten Weltkrieg ein neues brutales Gesicht, das für das Grenzland besondere Auswirkungen hat. Elsässer kämpfen in französischen und deutschen Uniformen und nicht selten stehen sich Verwandte und Freunde in den Schützengräben gegenüber. Vor allem die Schlachten in den nahen Vogesen fordern auf beiden Seiten einen hohen Blutzoll. Mit der Niederlage Deutschlands und dem Ende des Kaiserreiches 1918 fällt das Elsass zurück an Frankreich. Jetzt werden die Matelotes „au Riesling" und das Sauerkraut als Choucroute serviert, die Kuchen kommen als Tartes auf die Karte. Mit der Gelassenheit einer vom einfachen Leben geprägten Landbevölkerung nehmen die Elsässer die neue Situation an und werden de facto Franzosen. Man geht wie eh und je seinen Geschäften nach, bestellt die Felder, kultiviert die Weinberge und trifft sich zu Mittag oder am Abend im Gasthaus. Auch wenn an den Stammtischen über das Weltgeschehen heftig debattiert wird, scheint die große Politik vom beschaulichen Illhaeusern weit weg zu sein. Doch es ist nur die Ruhe vor dem Sturm. Der Zweite Weltkrieg macht auch vor dem kleinen Ort nicht halt, die Brücke über die Ill fällt den kriegerischen Auseinandersetzungen ebenso zum Opfer wie das Gasthaus von Fritz, dem Sohn von Frédéric und Frédérique, und seiner Frau Marthe Haeberlin. Zwar kommt die Familie, deren beide Söhne Paul und Jean-Pierre wie viele Elsässer sowohl in der französischen Armee als auch gegen ihren Willen in der Wehrmacht dienen und damit das Schicksal der „Malgré-nous" teilen, mit heiler Haut durch die Wirren des Krieges. Aber man steht nach der Zerstörung der Auberge vor dem wirtschaftlichen Nichts.

PAUL UND JEAN-PIERRE

Mit vereinten Kräften und dem festen Willen, die gastronomische Geschichte der Haeberlins fortzuschreiben, macht sich die Familie an den Wiederaufbau ihrer Existenz und es entsteht das markante spitzgiebelige Haus am Ufer der Ill, das fortan den Namen „Auberge de l'Ill" tragen

wird. Paul Haeberlin, der mit 14 Jahren seine Kochlehre beim legendären ehemaligen Koch des russischen Zaren und des griechischen Königs, Edouard Weber, im „Hotel de la Pépinière" in Ribeauvillé beginnt und danach für einige Jahre in Paris bei den Brüdern Rouzier in der „Rôtisserie Périgourdine" arbeitet, soll die Familientradition am Herd fortführen. Sein jüngerer Bruder fühlt sich dagegen von der Kunst angezogen. Der begabte Jean-Pierre schreibt sich in Straßburg an der „École des Arts Décoratifs" ein und lernt dort den später berühmten Maler Roger Mühl kennen. Doch eine Künstlerkarriere fern der Heimat ist für Jean-Pierre nicht vorstellbar. Das Elsass und die heimische Gastronomie lassen Jean-Pierre nicht los, zu sehr fühlt er sich seinem Bruder Paul, der Familie und der „Auberge de l'Ill" verbunden. Auf den Rat der Eltern hin absolviert Jean-Pierre in Paris eine Ausbildung zum „Directeur de salle" (Restaurantleiter), bevor er nach Illhaeusern zurückkehrt, an der Seite von Paul die Gastgeberrolle übernimmt und für die Dekoration in der Auberge verantwortlich zeichnet. Mit seinen Aquarellen prägt er das Erscheinungsbild der „Auberge de l'Ill" bis heute. Paul in der Küche und Jean-Pierre als Maître sind ein geniales Duo, das den legendären Ruf der „Auberge" begründen und Gastronomie-Geschichte schreiben wird.

SEIT 1952 STRAHLEN DIE STERNE

Nur wenige Jahre ist der Krieg vorüber, die offizielle Landessprache im Elsass ist wieder Französisch und die Grenze ins benachbarte Baden eine gute bewachte Demarkationslinie. Hüben wie drüben haben die Menschen mit den wirtschaftlichen Auswirkungen des Krieges zu kämpfen, doch auf beiden Seiten des Rheines herrscht die gleiche Sehnsucht nach besseren Tagen. In dieser schwierigen Nachkriegszeit, in der die Wunden des Krieges

längst noch nicht verheilt sind, bekommt die „Auberge de l'Ill" im Jahre 1952 den ersten Michelin-Stern verliehen. Für Paul Haeberlin, damals gerade 29 Jahre alt, ist es nicht nur die erste offizielle Anerkennung seiner Leistung: Es ist der entscheidende Ritterschlag und damit die Aufnahme der „Auberge" in die Riege der besten Restaurants Frankreichs. Auch Jean-Pierre, der liebenswerte und umsichtige Gastgeber, hat daran seinen Anteil. Die Brüder sind mit ihrem Restaurant nun auf dem Weg nach oben und das Elsass steht mehr denn je im Fokus der Gourmets aus aller Welt. Nur fünf Jahre später wird die „Auberge de l'Ill" mit dem zweiten Michelin-Stern ausgezeichnet. Die endgültige Aufnahme der Haeberlin-Brüder und ihres Restaurants in den Olymp französischer „Haute Cuisine" erfolgt mit dem dritten Stern, den der Guide Michelin im Jahre 1967 nach Illhaeusern vergibt. Bis heute strahlen drei Sterne über der „Auberge de l'Ill", eine beeindruckende Leistung, hinter der eine ganze Familie und langjährige treue Mitarbeiter stehen.

KULINARISCHER ANZIEHUNGSPUNKT

Längst ist die „Auberge" eine Pilgerstätte für alle, die die Kochkunst von Paul Haeberlin in seiner unnachahmlichen Ästhetik und seiner beeindruckenden Kontinuität erleben möchten und die gleichzeitig eine Restaurantkultur suchen, die mit einer unaufdringlichen Eleganz und echter Herzlichkeit dem Gast jene Schwellenangst nimmt, die Gourmet-Tempeln gemeinhin anhaftet. Für die Deutschen auf der anderen Seite des Rheines ist die „Auberge" ein kulinarischer Leuchtturm mit einer enormen Strahlkraft. Gerade in den Zeiten des deutschen Wirtschaftswunders boomt der kulinarische Grenzverkehr. Kein anderer Koch hat sich um die Geschmackserziehung deutscher Gaumen so verdient gemacht wie Paul Haeberlin. Wer damals

den Drang nach Gourmandise verspürt, fährt mit dem Auto ins elsässische Dörfchen Illhaeusern und nicht wenige kommen in der „Auberge de l'Ill" zum ersten Mal mit der „Haute Cuisine" in Berührung.

Auch Familie Keller ist immer wieder Gast bei Paul und Jean-Pierre Haeberlin, von Oberbergen nach Illhaeusern ist es nur ein Katzensprung. Während die beiden Jungen Fritz und Franz an der Ill spielen, philosophiert und plaudert Franz Keller mit Paul Haeberlin über Weine und Essen, lässt sich Einkaufstipps für Produkte in der näheren Umgebung geben und lädt derweil sein Auto voll mit französischen Weinen, die er zusammen mit Paul im Burgund eingekauft und bei den Haeberlins deponiert hat. In Illhaeusern existiert ein regelrechtes Keller-Lager mit französischen Weinen. Die Einfuhr nach Baden ist verboten und die Kontrollen an der Grenze erinnern an die Zeiten der amerikanischen Prohibition. Wie es Franz Keller dennoch immer wieder gelingt, die begehrten Flaschen an den strengen Augen der Zöllner vorbei zu schmuggeln, bleibt sein Geheimnis. Auch Familie Haeberlin fährt immer wieder an ihren freien Tagen nach Oberbergen und stattet den Kellers einen Besuch ab. Jetzt kommen zum Essen im „Schwarzen Adler" nicht nur badische Weine auf den Tisch, sondern auch jene Flaschen, die Franz Keller aus Frankreich „importiert" hat. Es sind unbeschwerte Stunden, die die Kellers und Haeberlins bei gutem Essen und Wein miteinander verbringen, ein kleiner kulinarischer Grenzverkehr zweier Familien, die über alle Grenzen hinweg ihre berufliche Verbundenheit zur Freundschaft werden lassen und mit ihrer Passion für den guten Geschmack auf beiden Seiten des Rheines für Aufsehen sorgen. In Illhaeusern trifft sich derweil die Prominenz aus aller Welt, illustre Namen reservieren einen der begehrten Tische in der „Auberge de l'Ill", um Paul Haeberlins weit über die Grenzen Frankreichs hinaus bekannte Kreationen zu erleben. An dem kleinen Dorf Illhaeusern scheint der Auflauf an nationalen und internationalen Gästen

spurlos vorüberzugehen, mit freundlicher und unaufgeregter Elsässer Gelassenheit begegnen die Haeberlins gekrönten Häuptern, Staatsmännern und Filmstars. Im Mittelpunkt steht die Gastfreundschaft und eine erstklassige Küche, die Paul und Jean-Pierre zurückhaltend und bescheiden als Selbstverständlichkeit leben.

MARC HAEBERLIN

Inmitten dieser Symbiose aus Weltoffenheit und Bodenständigkeit erblickt 1954 Marc Haeberlin, der Sohn von Paul Haeberlin und seiner Frau Marie, das Licht der Welt. Die Familie ist glücklich über den Stammhalter, der einmal in die Fußstapfen seines Vaters treten und die Erfolgsgeschichte der „Auberge de l'Ill" fortschreiben wird. Marc verlebt zusammen mit seiner kleinen Schwester Danielle eine glückliche und geborgene Kindheit im beschaulichen Illhaeusern. Das Restaurant ist Dreh- und Angelpunkt der Eltern und nimmt viel Zeit und Kraft in Anspruch. Gerade deswegen wird die Familie für die Haeberlins aber ein wichtiger Ruhepol und verlässlicher Rückhalt. Das Zusammenleben und der Zusammenhalt der ganzen Familie, die Hand in Hand in der „Auberge" arbeitet, wird zu einer zentralen Erfahrung des jungen Marc, die sein ganzes Leben prägt.

Von klein auf sind Marc und Danielle mit der Gastronomie vertraut, die „Auberge" ist ihr Zuhause. Dass beide hier ihre berufliche Zukunft finden werden, ist weniger das unausweichliche Schicksal von Gastronomenkindern, sondern resultiert aus der Liebe und Leidenschaft zu Gastfreundschaft und Kochkunst, die nicht nur die Eltern, sondern die ganze Familie in ihnen weckt. Zwar träumt Marc noch davon, ein berühmter Rennfahrer zu werden, doch nach und nach wird die Küche mit ihrem riesigen Herd, der wie ein Altar im Raum thront und um den sich die Köche mit ihren hohen weißen Mützen scharen, sein Lieblingsplatz. Die Welt der blank gescheuerten Töpfe und Pfannen, aus denen ein komplexes Aromengemisch aufsteigt und die ganze Küche in ein Meer von wohlriechenden, appetitanregenden Düften verwandelt, die großen weißen Teller, die nur darauf warten, als Präsentationsfläche für Paul Haeberlins Kreationen zu dienen, faszinieren den kleinen Marc. Immer öfter geht er seinem Vater zur Hand, steht an seiner Seite, schaut ihm über die Schulter und versucht sich im Ausnehmen von fangfrischen Fischen. Der Samstag und der Sonntag sind Marcs Lieblingstage in der väterlichen Küche. Dann herrscht hier volle Betriebsamkeit rund um den Herd, die aus dem Restaurant pausenlos eingehenden Bestellungen bestimmen den Arbeitsrhythmus und halten die Küchenmannschaft auf Trab. Das Team funktioniert wie ein Schweizer Uhrwerk: ruhig und ohne Hektik, aber verlässlich. Alle Handgriffe müssen sitzen, reibungslos ineinandergreifen und Paul Haeberlin begutachtet mit kritischen Augen jeden Teller, der seine Küche verlässt. Was den jungen Marc Haeberlin beeindruckt, ist dieses harmonische Zusammenspiel von unterschiedlichen Köchen, jeder für sich ein perfekter Handwerker, jener unbedingte Mannschaftsgeist, bei dem sich einer auf den anderen verlassen muss, um gemeinsam in einem engen Zeitrahmen ein Gericht zu produzieren, an das der Gast hohe Qualitätsanforderungen stellt. Er weiß um die harte Arbeit, die dahintersteckt und den langen Weg, der vor ihm liegt, will er einmal die Küche seines Vaters übernehmen und den guten Namen Haeberlin in der anspruchsvollen, gleichzeitig fragilen Welt der Gourmandise erfolgreich fortführen. Paul und Marie Haeberlin drängen ihren Sprössling nicht an den Herd. Doch als Marc seinen Eltern im Alter von 14 Jahren verkündet, dass er Koch werden möchte, ist die Freude groß.

LEHRJAHRE BEI DEN BESTEN

Nach seiner Ausbildung an der „École hôtelière de Strasbourg" zieht es Marc Haeberlin zu den Großen der Zunft. Der Weg führt ihn zunächst nach Collonges-au-Mont-d'Or, jenem kleinen Ort in der Nähe von Lyon, in dem Paul Bocuse sein legendäres Restaurant betreibt. Marc kennt den Freund seines Vaters seit Kindertagen. Doch nun steht er in der Küche des „Grand Chef", den viele für den „Koch des Jahrhunderts" halten, der unzweifelhaft zu den Besten der Welt zählt und der längst zur französischen Kochlegende geworden ist. Für den jungen Marc Haeberlin ist es eine spannende und lehrreiche Zeit an der Seite der beeindruckenden Persönlichkeit Paul Bocuse. Unter der Regie des Meisters verfeinert er nicht nur seine handwerklichen Fähigkeiten, sondern schärft seine Sinne für Qualität und Kreativität. Von Collonges-au-Mont-d'Or geht es für Marc Haeberlin anschließend nach Roanne, nicht einmal 100 Kilometer von Lyon entfernt. In der Stadt am Oberlauf der Loire betreibt Familie Troisgros ein Restaurant, das seit dem Jahre 1968 ununterbrochen mit drei Michelin-Sternen ausgezeichnet ist. In dem Familienbetrieb fühlt sich Marc fast wie zu Hause, denn wie in der „Auberge de l'Ill" sind es auch hier zwei Brüder, Jean und Pierre, die die Geschicke des Restaurants leiten. Das Arbeiten unter der Regie der Troisgros-Brüder wird für den jungen Koch aus dem Elsass eine glückliche Zeit, sie fördern sein Talent und bringen sein Können weiter voran. Doch noch zweimal wechselt Marc Haeberlin seine Wirkungsstätte, bevor er endgültig nach Illhaeusern zurückkehrt. In Paris arbeitet er im berühmten „Lasserre", seit den 1950er-Jahren eine kulinarische Institution in der Hauptstadt. Vor allem bei Filmstars und Künstlern ist das Restaurant nahe den Champs-Elysées beliebt, nicht selten kommen Romy Schneider, Audrey Hepburn, André Malraux oder Salvador Dalí zum Abendessen. Im

„Lasserre" trifft Marc Haeberlin den jungen Serge Dubs wieder, der zuvor als Commis Sommelier in der „Auberge de l'Ill" gearbeitet hatte. Marc überredet den gebürtigen Straßburger, nach Illhaeusern zurückzukehren und Serge Dubs schlägt ein. Ein Glücksgriff für die „Auberge de l'Ill", gleichzeitig beginnt damit für den talentierten Sommelier eine beeindruckende Karriere. Dubs wird im Jahre 1983 zum besten Sommelier Frankreichs gewählt, 1988 gewinnt er die Europameisterschaft der Sommeliers und ein Jahr später wird Serge Dubs Weltmeister der Sommeliers. Bis heute ist Serge Dubs der „Auberge" treu geblieben und ist selbst eine Institution mitten in der Elsässischen Restaurantlegende geworden. Sein Weinservice hat die Restaurantkultur der „Auberge" geprägt und mit seiner Leidenschaft für den Wein hat Serge Dubs Akzente gesetzt. Wer ihn am Tisch erlebt, spürt die umfassende Kompetenz und das unnachahmliche Feingefühl von Dubs für die Wünsche und Vorlieben seiner Gäste.

Seine letzte Station der Wanderjahre absolviert Marc Haeberlin bei Gaston Lenôtre in Paris, einem genialen Patissier und Chocolatier, der in seiner Fein- und Zuckerbäckerei Generationen von Konditoren und Köchen ausgebildet hat. Die Philosophie von Gaston Lenôtre, der als grundlegender Erneuerer der französischen Konditorei gilt, Desserts und Backwaren weitgehend von belastenden Fetten und Zucker zu befreien und diese durch leichtere Zutaten und frische Früchte zu ersetzen, wird Marc Haeberlin in seine Ideen und Vorstellungen von erstklassiger Patisserie aufnehmen. Mit den unterschiedlichen Erfahrungen, die Marc Haeberlin auf seinem lehrreichen Weg durch die französische Spitzengastronomie gemacht hat, kehrt er 1976 zurück nach Illhaeusern.

Bis zum Tode von Paul Haeberlin im Mai 2008 stehen Vater und Sohn gemeinsam am Herd der „Auberge de l'Ill". Ein kongeniales Duo, ein ideales Zusammenspiel aus bewährter Tradition und Klassik, neuen Ideen und einer steten, aber behutsamen und durchdachten Weiterentwicklung. Es ist weit mehr als die gemeinsame Liebe zur Kochkunst und die sich ergänzende Zusammenarbeit zweier Generationen in der Küche, die Vater und Sohn verbindet. Es ist vor allem der Familiensinn, der das prosperierende Unternehmen „Auberge de l'Ill" prägt, ein beachtliches Lebenswerk, das niemals als Last, sondern immer als Chance und Herausforderung begriffen wurde, eine Familie und deren Mitarbeiter mit auf einen Weg zu nehmen, der von Leidenschaft, Liebe und Überzeugung für die Gastronomie beflügelt wird. Die Bodenständigkeit und die freundliche Bescheidenheit, die Paul Haeberlin dabei in allen Bereichen seines Schaffens vorgelebt hat und die seinem Erfolg eine besonders sympathische Note verleihen, sind bis heute eine tragende Säule der Familie und der „Auberge". Auf der Speisenkarte finden sich seine legendären Klassiker wie „La terrine de foie gras d'oi", die „Truffe sous la cendre", der „Homard Price Vladimir" oder die „Mousseline de grenouilles", die den legendären Ruf des Hauses begründet und Paul Haeberlin in der „Haute Cuisine" unsterblich gemacht haben. Auch sein Vermächtnis, bei aller Arbeit und Anspannung, die der Restaurantbetrieb mit sich bringt, in der „Auberge" wie eine große Familie zu sein, wird im Hause Haeberlin engagiert gepflegt. Das tägliche gemeinsame Mittag- und Abendessen „en famille" gehört genauso dazu wie das offene Ohr für die Sorgen und Nöte der Mitarbeiter. Marc Haeberlin fühlt sich dieser Generationenaufgabe und dieser Kontinuität nicht nur verpflichtet, für ihn ist es ein unabdingbarer Charakterzug und ein echtes Herzensanliegen. Längst trägt das Familienunternehmen Haeberlin die Handschrift von Marc, sorgsam integriert in die Spuren seines Vaters und seines Onkels Jean-Pierre, der bis zu seinem Tod im Juni 2014 unermüdlich seine Kreise im Restaurant gezogen hat. Gemeinsam mit Marcs Mutter Marie war er das Gedächtnis aus den Anfängen des Restaurants. Nach seinem Tod ist Marie die Letzte aus der alten Generation und auch wenn ihr Blick und Erfahrungsschatz weit zurückreicht, lebt sie nicht in der Vergangenheit, sondern nimmt regen Anteil am aktuellen Geschehen ihrer „Auberge de l'Ill".

IMPERIUM DES GUTEN GESCHMACKS

Und sie blicken in eine gut bestellte Zukunft, denn dank des Zusammenhalts der Familie und dem Engagement der vielen Mitarbeiter ist nach den bescheidenen Anfängen nach dem Zweiten Weltkrieg bis heute ein über die Grenzen des Elsass hinweg erfolgreiches Unternehmen entstanden. Seit einigen Jahren gehört zum Restaurant das „Hotel des Berges", das im weitläufigen Garten der „Auberge" liegt und von Marcs Schwester Danielle gemeinsam mit ihrem Mann Marco Baumann geleitet wird. Derweil hat Marc Haeberlin dem Restaurant ein neues, modernes Gesicht gegeben und die Räumlichkeiten im Jahre 2007 vom Pariser Dekorateur und Designer Patrick Jouin neu gestalten lassen. Das geschickte „Facelifting" einer Legende, ohne den Mythos des Restaurants und den einzigartigen Charme des Hauses zu beeinträchtigen. Zudem hat Marc Haeberlin den Esprit seiner Küche nach Japan gebracht. Im Jahre 2006 eröffnet die „Auberge de l'Ill de Nagoya", zwei Jahre später die „Auberge de l'Ill de Tokyo". Unter seiner Anleitung werden die japanischen Köche in Illhaeusern geschult, mehrmals im Jahr fliegt Marc Haeberlin nach Japan, um die Gerichte dem Angebot der „Auberge de l'Ill" anzupassen. Ein gutes Stück Illhaeusern im Land der aufgehenden Sonne. Für Marc Haeberlin sind die japanischen Restaurants auch die Gelegenheit, authentische französische und Elsässer Lebensart nach Fernost zu tragen.

BRASSERIE LES HARAS

Doch bei aller Weltoffenheit und internationalem Engagement bleibt Marc Haeberlin im Herzen ein bodenständiger Elsässer. Im ehemaligen königlichen Gestüt in Straßburg, einem mit historischen Baustoffen aufwendig renovierten und teils neu gestalteten Gebäude aus dem 18. Jahrhundert, hat er im Jahre 2014 die Brasserie „Les Haras" eröffnet. Nur wenige Meter vom berühmten Straßburger Quartier „Petite France" entfernt, ist die Brasserie eingebettet in ein durchgestyltes architektonisches Gesamtkunstwerk, zu dem auch ein Luxushotel gehört und für dessen aufwendige und auffällig schicke Dekoration das Pariser Designer-Duo Patrick Jouin und Sanjit Manku verantwortlich zeichnet. Es ist ein ehrgeiziges Projekt, das Marc Haeberlin in Straßburg begonnen hat und das er einer jungen Küchenmannschaft anvertraut. Sie gehören jetzt zur großen Haeberlin-Familie, die seit vier Generationen das kulinarische Elsass mit ihrem Können bereichert und Gastronomiegeschichte geschrieben hat. Die Speisenkarte der Brasserie „Les Haras" mit ihren bodenständigen und regionalen Spezialitäten ist auch eine Verbeugung vor der Küche der Urgroßeltern, mit denen die einzigartige Karriere der Haeberlins vor mehr als 130 Jahren im „l'Arbre Vert" in Illhaeusern begonnen hat.

Die Haeberlins haben die „Haute Cuisine" nicht neu erfunden, aber sie haben sie mit dem Geist ihrer Familie bereichert, haben sie beseelt und der Bodenständigkeit immer wieder neue und zeitgemäße Impulse gegeben, ohne dabei einer Mode oder einem Trend zu verfallen. Ihre Kreationen sind der Beweis, dass die Kochkunst ein Niveau erreichen kann, das Legenden schafft und die Kultur eines Landes nachhaltig beeinflusst. Und sie haben der Gourmet-Küche eine herzliche und gastfreundliche Dimension gegeben, die von einer echten Leidenschaft für die Gastronomie geprägt

ist. Mit Haeberlins Tochter Laetitia und seiner Nichte Salomé ist die nächste Generation gesichert, um den Familienbetrieb weiter zielstrebig in die Zukunft zu führen.

LA VIE EST BELLE

Trotz seiner vielfältigen Aufgaben, die umfassende Verantwortung für die „Auberge", das gesamte Familienunternehmen und die Mitarbeiter, ist Marc Haeberlin die enorme Arbeitsbelastung nicht anzumerken. Freundlich und zuvorkommend, gänzlich ohne Allüren, begegnet er seinen Mitmenschen. Ein leiser Star, sympathisch und voller Esprit, ein Künstler mit Charisma, der sich nicht auf seinen Lorbeeren ausruht und ein Mensch mit einer ansteckenden, optimistischen Überzeugungskraft, der seine Mitarbeiter zu Höchstleistungen anspornen kann. Viel Zeit für Privates bleibt Marc Haeberlin nicht, dennoch pflegt er alte Kontakte und Freundschaften. Mit den Kellers in Oberbergen verbindet ihn nicht nur die Leidenschaft für gutes Essen und gute Weine, sondern auch die Familiengeschichte, die beiderseits des Rheines einen ähnlichen Verlauf nahm. Aus kleinen Anfängen heraus haben die Haeberlins und die Kellers mit Fleiß, Mut und einer gehörigen Portion Familiensinn kulinarische und gastronomische Akzente in ihren Regionen gesetzt. Grenzübergreifend und weltoffen, auch wenn die Weltgeschichte das Elsass und Baden immer wieder in ein enges nationalstaatliches Korsett zwängte. Die Freundschaft zwischen Marc Haeberlin und Fritz Keller ist denn auch mehr als eine gute Beziehung unter Kollegen, sie ist vielmehr eine Geistesverwandtschaft von Grenzgängern, die mit Bodenhaftung und dem sicheren Gespür für das Bewahren von Traditionen auf neuen Wegen die Zukunft ihrer Unternehmen gestalten.

FROSCHSCHENKELSCHÄUMCHEN

Rezept für 6 Personen

Schäumchen
2 kg Froschschenkel
3 Eiweiß
500 g Sahne
Butter zum Einfetten
Salz, schwarzer Pfeffer

Sauce
4 Schalotten
25 g Butter
375 ml Elsässer Riesling
250 g Sahne
1 EL Mehlbutter (je ½ EL Weizenmehl und weiche Butter miteinander verknetet)
100 g eiskalte Butter, in Stücken
Saft von ½ Zitrone
1 Bund Schnittlauch
Salz, schwarzer Pfeffer

Spinat
500 g Blattspinat
1 EL Butter
1 Knoblauchzehe
Salz, schwarzer Pfeffer

Zum Servieren
6 EL gehäutete, fein gehackte Tomaten
6 Kerbelblättchen

Das Fleisch der Froschschenkel auslösen. Nur die schönen, muskulösen Partien nehmen, die sehnigen Teile am Knochen lassen. Die Knochen für die Zubereitung der Sauce beiseitestellen. Die Hälfte des Fleisches durch die feine Scheibe des Fleischwolfs drehen. Die Fleischfarce mit dem Eiweiß in einen elektrischen Zerkleinerer (Moulinette) geben, mit Salz und Pfeffer würzen und bei eingeschaltetem Motor die kalte Sahne nach und nach einlaufen lassen, bis ein cremiger Schaum entsteht. Die Masse mindestens 2 Stunden im Kühlschrank ruhen lassen.

Den Backofen auf 180°C vorheizen. Sechs Förmchen (8 cm ø) zweimal mit reichlich Butter ausstreichen, die Hälfte des Froschschenkelschaums mithilfe einer Spritztüte einfüllen, die restlichen Fleischstücke darauflegen und mit der zweiten Hälfte der Masse auffüllen. Die Förmchen in eine heiße Bain-Marie (oder auf ein mit heißem Wasser gefülltes Backblech) stellen und das Schäumchen im Backofen ca. 20 Minuten garen.

Für die Sauce die Schalotten schälen, klein schneiden und in der Butter glasig dünsten. Die Knochen der Froschschenkel hinzufügen und hell anbraten. Den Riesling dazugießen und 1 Stunde zugedeckt bei geringer Hitze garen. Die Sauce durch ein feines Sieb passieren, mit der Sahne auffüllen und auf die Hälfte reduzieren. Die Sauce mit der Mehlbutter und den eiskalten Butterstücken binden, mit Salz, Pfeffer und Zitronensaft abschmecken. Schnittlauch in feine Röllchen schneiden und unterrühren.

Den Blattspinat waschen, die Blätter von den Stielen befreien und in reichlich Salzwasser in ca. 5 Minuten zusammenfallen lassen. Den Spinat in ein Sieb schütten, mit kaltem Wasser abschrecken, abtropfen lassen und ausdrücken. Die Spinatblätter ein wenig lockern, dann in der Butter mit der ganzen geschälten Knoblauchzehe ca. 5 Minuten erwärmen und mit Salz und Pfeffer abschmecken. Die Knoblauchzehe vor dem Servieren entfernen.

Den Teller mit dem Blattspinat auslegen, das Froschschenkelschäumchen auf den Spinat stürzen und mit der Sauce überziehen. Mit den Tomaten und den Kerbelblättchen garnieren.

Farce
80 g Schweinefleisch
80 g Geflügelfleisch
40 g Gänsestopfleber
1 Schalotte
20 g Butter
1 Ei
Salz, schwarzer Pfeffer

Taubenkotelett
2 Bresse-Tauben
2 EL Portwein
1 EL Cognac
400 g Schweinenetz
(24 Stunden in kaltem
Essigwasser gewässert)
4 große Wirsingblätter
30 g Perigordtrüffel
4 dünne Scheiben frische
Gänsestopfleber (à 20 g)
50 g flüssige Butter
Salz, schwarzer Pfeffer

Sauce
30 g Gänsestopfleber
30 g Butter
1 Karotte
40 g Sellerieknolle
½ Lauchstange
1 Schalotte
4 Taubenkarkassen
1 EL Öl
1 EL Tomatenmark
50 ml Portwein
500 ml Rotwein
500 ml Geflügelfond
1 Trüffel
1 TL Butter
50 ml Portwein

TIPP: Dazu passt gedünstetes Saisongemüse.

TAUBENKOTELETT
MIT TRÜFFEL

Rezept für 4 Personen

Das Schweine- und Geflügelfleisch mit der Gänseleber zweimal durch die feine Scheibe des Fleischwolfs drehen. Schalotte schälen, fein hacken und in der Butter glasig dünsten. Alle Zutaten in eine Schüssel geben, das Ei unter die Farce mischen und würzen.

Die Tauben abflämmen (Federreste mit einem Flambierbrenner absengen), die Brüste vom Knochen lösen und enthäuten. Die Keulen abtrennen und die Krallen abschneiden. Karkassen für die Sauce aufbewahren. Die Keulen in Salzwasser 10 Minuten pochieren. Die Brüste mit Salz und Pfeffer würzen, mit dem Portwein und dem Cognac beträufeln und 10 Minuten marinieren.

Den Backofen auf 200°C vorheizen. Das Schweinenetz abtrocknen, vier Teile von je 20 x 20 cm zuschneiden und auf einem Arbeitsbrett ausbreiten. Jeweils ein wenig Farce in der Mitte verteilen (ca. 20 cm ø). Wirsingblätter kurz in kochendem Salzwasser blanchieren und in Eiswasser abschrecken, Strunk entfernen. Trüffel in Scheiben schneiden. Je ein Wirsingblatt auf die Farce legen, die Taubenbrust auf die linke Seite des Wirsingblattes legen, dann eine Trüffelscheibe und eine Scheibe Gänseleber darauflegen. Die Keule mit der dicken Seite zwischen Gänseleber und Taubenbrüstchen legen, sodass der Knochen aus dem Schweinnetz ragt. Die rechte Hälfte des Wirsingblattes darüberschlagen, mit Farce bestreichen und fest in das Schweinenetz wickeln. In Kotelettform drücken. Die Koteletts auf ein geöltes Blech legen, mit flüssiger Butter bestreichen und im Backofen ca. 13 Minuten braten. Anschließend herausnehmen und 15 Minuten ruhen lassen.

Für die Sauce die Gänseleber mit der Gabel zerdrücken und mit der Butter vermischen. Im Kühlschrank gut durchkühlen lassen, in kleine Stücke schneiden und gekühlt aufbewahren. Gemüse und Schalotte schälen, ggf. putzen und in kleine Stücke schneiden. Die Taubenkarkassen klein hacken und im Öl anbraten, das Gemüse und die Schalotte dazugeben und kurz anrösten. Das Tomatenmark hinzufügen, mit dem Portwein und dem Rotwein ablöschen und ca. 1½–2 Stunden köcheln lassen. Mit dem Geflügelfond aufgießen, aufkochen und durch ein feines Sieb passieren. Die Trüffel sehr klein schneiden in der Butter andünsten, mit dem Portwein ablöschen und in die Sauce geben. Die Sauce mit den Gänseleberbutterstücken aufmontieren. Die Trüffelsauce auf dem vorgewärmten Teller verteilen. Das Taubenkotelett halbieren und anlegen.

Jakobsmuscheln
8 Jakobsmuscheln
¾ Apfel „Granny Smith"
1 Apfel „Golden Delicious"
100 g Walnüsse
50 g Schalottenwürfel
4 cl Calvados
4 Scheiben Toastbrot
1 Msp. gehackter Knoblauch
25 g Paniermehl
300 g Butter (Zimmertemperatur)
1 EL gehackte Petersilie
1 EL Schnittlauchröllchen

Butter zum Anbraten
Olivenöl zum Anbraten
Salz, schwarzer Pfeffer

Sorbet
600 g Rote Bete
80 g Zucker
30 g Trimoline (Invert-Zucker*)
2 g Pektin*
15 g Olivenöl
25 g Balsamicoessig
20 g frischer Meerrettich, fein gerieben
Salz

Salat
2 Rote Bete
1 Apfel „Granny Smith"
30 g Walnüsse
1 Frühlingszwiebel
1 TL Schnittlauchröllchen
2 EL Olivenöl
1 EL Walnussöl
2 EL alter Balsamicoessig
Salz, schwarzer Pfeffer

Zum Servieren
100 g Crème épaisse*
etwas Zitronensaft und Sherryessig
grüner Salat
Apfelchips
Salz, weißer Pfeffer

* Seite 248

JAKOBSMUSCHEL IN WALNUSSKRUSTE
MIT ROTE-BETE-SALAT UND SORBET

Rezept für 4 Personen

Jakobsmuscheln öffnen, auslösen und reinigen. Für die Kruste die Äpfel schälen, entkernen und in sehr kleine Würfel schneiden. Nüsse fein hacken und in einer beschichteten Pfanne ohne Fett leicht anrösten. Schalotten in etwas Butter anschwitzen, Äpfel und Nüsse dazugeben und alles leicht anbraten. Mit dem Calvados ablöschenund erkalten lassen. Toastbrot würfeln, in etwas Butter mit dem Knoblauch anrösten. Alle Zutaten, bis auf die Kräuter, in einen Mixer geben und kurz durchmixen. Kräuter unterheben und mit Pfeffer und Salz abschmecken. Die Masse zwischen zwei Lagen Backpapier 2 mm dünn ausrollen und 2 Stunden tiefkühlen. Kurz vor dem Servieren acht Kreise von 3 cm ø ausstechen. Jakobsmuscheln in Olivenöl anbraten, innen glasig lassen. Je eine Scheibe Kruste auf jede Muschel setzen und kurz im Backofen unter dem Grill gratinieren.

Für das Sorbet Rote Bete weich kochen, auskühlen lassen, schälen und grob würfeln. 250 ml Wasser mit Zucker, Trimoline und Pektin aufkochen, mit der Roten Bete und den restlichen Zutaten in einen Mixer geben und glatt mixen. Durch ein feines Sieb passieren und in der Eismaschine oder dem Tiefkühler zu einem Sorbet gefrieren lassen.

Für den Salat Rote Bete weich kochen, auskühlen lassen, schälen und in etwa 1 cm große Würfel schneiden. Apfel schälen, entkernen und halbieren. Die eine Hälfte in Würfel, die andere in Stäbchen schneiden. Die Nüsse grob hacken. Frühlingszwiebel fein schneiden. Rote Bete, Apfelwürfel und Nüsse mit den übrigen Zutaten mischen, mit Salz und Pfeffer abschmecken und einige Minuten marinieren.

Crème épaisse mit Zitronensaft, Salz, Pfeffer und Sherryessig abschmecken. Rote-Bete-Salat mithilfe von runden Förmchen anrichten, gratinierte Jakobsmuscheln daraufsetzen, Creme épaisse und je eine Nocke Sorbet auflegen, mit dem grünen Salat, Apfelchips und -stäbchen dekorieren.

JAKOBSMUSCHELCARPACCIO MIT WEISSER TRÜFFEL

Rezept für 4 Personen

16 große Jakobsmuscheln
100 ml reifes Olivenöl, nicht zu parfümiert
5 ml Trüffelöl von der weißen Trüffel
1 EL weißer Balsamicoessig
200 g junge Spinatblätter
2 EL gekochte und klein gewürfelte Rote Bete
2 Toastbrotscheiben
Butter zum Anrösten
1 Msp. gehackter Knoblauch
150 g Crème épaisse (Seite 248)
1 TL Sherryessig
1 EL Schnittlauchröllchen
gemischte Kräuter (z.B. Kerbel, Dill, Kresse, Pimpernelle)
1 weiße Trüffel (10–15 g)
Fleur de sel, weißer Pfeffer, schwarzer Pfeffer

Jakobsmuscheln öffnen, auslösen und reinigen. In dünne Scheiben aufschneiden. 50 ml des Olivenöls mit dem Trüffelöl mischen und die Jakobsmuschelscheiben darin marinieren. Restliches Olivenöl mit einem Spritzer Essig zu einer Vinaigrette vermischen. Spinat waschen, Stiele entfernen. Spinatblätter durch die Vinaigrette ziehen, Rote-Bete-Würfel ebenfalls damit marinieren. Das Toastbrot entrinden und fein würfeln. Die Croûtons in Butter mit Knoblauch anrösten. Crème épaisse mit Sherryessig, Salz und weißem Pfeffer abschmecken und dünn auf den Tellern verteilen. Die Teller kreisförmig mit den Jakobsmuscheln belegen und den Spinat als Rosette ringsherum anrichten. Die Kräuter waschen, trocken schütteln und zerkleinern.

Mit Roter Bete, Croûtons, Schnittlauch und den Kräutern dekorieren. Leicht mit Fleur de sel bestreuen und Pfeffer darübermahlen. Die Trüffel am Tisch über das Carpaccio hobeln.

GEBRATENE GÄNSELEBER
MIT ZWETSCHGEN UND PORTWEINKARAMELL

Rezept für 6 Personen (als Hauptgang können mehr Zwetschgen serviert werden)

Die Mango schälen, entsteinen und das Fruchtfleisch würfeln. Trauben und Trockenfrüchte ebenfalls würfeln und mit dem Weißwein ca. 1 Stunde sanft köcheln lassen, bis eine etwas eingedickte Masse entstanden ist.

Ingwer schälen und in Scheiben schneiden. Rotwein, Essig und Zucker mit den Gewürzen und dem Ingwer aufkochen, Zwetschgen im Ganzen hinzufügen und ca. 12–15 Minuten pochieren. Zwetschgen entnehmen, abkühlen lassen, halbieren, entsteinen und mit dem Früchtekompott füllen.

Den Pochierfond durch ein Sieb passieren und mit dem Portwein zu einem sirupartigen Karamell einkochen.

Gänseleber parieren (Haut, Adern und evtl. Gallenkanäle entfernen), in Scheiben schneiden und in einer beschichteten Pfanne ohne Fett rosa braten.

Zum Servieren die gefüllten Zwetschgen im Ofen erhitzen. Portweinkaramell auf die Teller träufeln, Zwetschgen anlegen, mit Lebkuchenchips und Kräuterblättern dekorieren. Gänseleber mit etwas Fleur de sel bestreuen.

TIPP: Die restlichen Zwetschgen heiß in saubere Gläser füllen und im Kühlschrank aufbewahren. Halten 3 Monate und schmecken auch zu Grießpudding sehr gut.

Gefüllte Zwetschgen
1 grüne Mango
100 g kernlose Trauben
100 g getrocknete Aprikosen
60 g getrocknete Pflaumen
100 ml Weißwein
50 g Ingwer
1 l Rotwein
1 l Essig
300 g Zucker
1 Sternanis
2 Nelken
½ Zimtstange
1 kg Zwetschgen
1 l Portwein

Gänseleber
1 Gänsestopfleber (ca. 500 g)
Fleur de sel

Lebkuchenchips und Kräuterblätter zum Anrichten

GETRÜFFELTE PASTETE
MIT VIER FLEISCHSORTEN UND GÄNSELEBER

Rezept für 10 Personen

Pastete
200 g Kalbsbries
200 g Schweinenacken
200 g Hähnchenbrustfilet
200 g Kalbsfilet
40 ml Portwein
30 ml Cognac
18 g Salz
60 g schwarze Trüffel (aus der Dose)
1 Ei
175 g frische Gänsestopfleber
30 g ungesalzene grüne Pistazienkerne
600 g Mürbeteig (alternativ Blätterteig)
1 Eigelb
schwarzer Pfeffer

Kalbsbries kurz in Wasser blanchieren. Schweinenacken durch die feine Scheibe des Fleischwolfs drehen. Hähnchen, Kalb und Bries in grobe Stücke schneiden, mit Portwein, Cognac, Salz und Pfeffer marinieren. Trüffel grob hacken. Schweinehack, Ei und Trüffel mit den marinierten Fleischstücken mischen. Gänseleber in grobe Würfel schneiden und zusammen mit den Pistazien unter die Farce heben.

Backofen auf 220 °C vorheizen. Pastetenform (30 x 8 x 10 cm) überhängend mit dem Teig auskleiden, Farce einfüllen und mit Teig verschließen. Aus dem Teigdeckel mittig mit einer geriffelten Ausstechform zwei „Kamine" zum Abdampfen ausstechen und mit dekorativ geformten Teigstückchen wieder locker verschließen, sodass noch Dampf entweichen kann. Oberfläche mit Eigelb bestreichen. Im Backofen zunächst 15 Minuten backen, dann die Temperatur auf 160 °C reduzieren und weitere 25 Minuten backen. Herausnehmen, Teigdeckel abheben und erkalten lassen.

Für das Gelee den Portwein auf die Hälfte reduzieren. Gelatine in kaltem Wasser einweichen, zum heißen Portwein geben, auflösen und mit der Brühe mischen. Auf Zimmertemperatur abkühlen lassen.

Gelee
500 ml Portwein
500 ml kräftige Rindfleischbrühe
20 g Gelatine

500 ml Portweingelee mit einem Trichter durch die Öffnungen in der Pastete einfüllen. Über Nacht in den Kühlschrank stellen. Das restliche Gelee ebenfalls kalt stellen. Am nächsten Tag die Teigdeckel wieder auflegen und die Pastete aufschneiden.

TIPP: Mit Selleriesalat, Trüffelstäbchen, Salatblättern und dem restlichen Portweingelee servieren.

PÉRIGORDTRÜFFELBÄLLCHEN MIT SAUCE PÉRIGORD

Rezept für 4 Personen

Farce
75 g Schweinefleisch
75 g Geflügelfleisch
35 g Gänsestopfleber
1 Schalotte
20 g Butter
1 Ei
Salz, schwarzer Pfeffer

Teig
500 g Mehl
10 g Salz
2 Eigelb
250 g kalte Butter
1 Eigelb zum Bestreichen

Trüffelbällchen
4 schwarze Périgordtrüffel (à 30 g)
50 ml Portwein
4 Scheiben Gänsestopfleber (dünn geschnitten, à ca. 20 g)
Erdnussöl zum Frittieren
Salz, schwarzer Pfeffer

Sauce
1 schwarze Trüffel
1 TL Butter
5 cl Portwein
250 ml Kalbsfond
1 Schuss Cognac
200 g eiskalte Butterstücken
Salz, schwarzer Pfeffer

Für die Farce Schweinefleisch, Geflügelfleisch und die Gänsestopfleber zwei Mal nacheinander durch die feine Scheibe des Fleischwolfs drehen. Schalotte schälen, fein hacken und in der Butter glasig dünsten. Farce in eine Schüssel geben, mit dem Ei und den Schalottenwürfeln mischen und mit Salz und Pfeffer abschmecken.

Für den Mürbeteig das Mehl auf eine Arbeitsfläche sieben, in die Mitte eine Mulde drücken. Salz, Eigelb und die in Stücke geschnittene Butter in die Mulde geben. 250 ml Wasser angießen und alles vom Rand her rasch vermischen. Zu einem glatten Teig kneten. Den Teig in Klarsichtfolie wickeln und mindestens 1 Stunde, am besten über Nacht, im Kühlschrank ruhen lassen.

Trüffel unter fließendem Wasser sorgfältig bürsten. Die Trüffel mit 500 ml Salzwasser knapp bedecken, den Portwein und den Pfeffer hinzufügen und 20 Minuten kochen lassen. Trüffel entnehmen und etwas auskühlen lassen. Jede Trüffel in eine Scheibe Gänsestopfleber wickeln, ringsherum gut andrücken und dann mit je einem Viertel der Farce umhüllen. Den Mürbeteig auf einer leicht bemehlten Fläche dünn ausrollen und in vier gleich große Quadrate teilen. Die Trüffel darin einschlagen und den überflüssigen Teig abschneiden. Die Trüffelbällchen in der Fritteuse bei 180 °C ca. 10 Minuten goldgelb frittieren.

Für die Sauce die Trüffel in kleine Stückchen hacken, in der Butter andünsten, Portwein und den Kalbsfond hinzugießen, aufkochen und mit etwas Cognac aromatisieren. Die Sauce mit der eiskalten Butter aufmontieren (emulgiert die Sauce und verleiht ihr einen seidigen Glanz) und mit Salz und Pfeffer abschmecken.

Die Trüffelsauce auf vorgewärmten Tellern verteilen und die halbierten Trüffelbällchen daraufsetzen.

MARINIERTE MAKRELE
MIT SEEIGEL-RILLETTE UND BOHNENSALAT

Rezept für 4 Personen

Makrelen mit Haut filetieren (ergibt acht Filets). Vier Makrelenfilets ganz mit Salz bedecken (Haut nach unten) und 15 Minuten in den Kühlschrank stellen. Anschließend unter klarem Wasser abspülen und 15 Minuten in Zitronensaft legen. Abspülen, trocken tupfen und im Olivenöl aufbewahren. Die restlichen Filets abgedeckt beiseitestellen.

Bohnen putzen und in Salzwasser bissfest kochen, abschrecken. Schalotte schälen und fein hacken. Sahne in einem Topf auf die Hälfte einkochen, erkalten lassen, mit Salz, schwarzem Pfeffer, Essig und der Schalotte würzen. Bohnen damit marinieren.

Backofen auf 120 °C vorheizen. Seeigel aufschneiden und Rogen herausnehmen. Die restliche vier Fischfilets im Backofen in Alufolie weich garen. Das Fischfleisch ohne Haut mit einer Gabel zerdrücken, mit Seeigelrogen, Kräutern und Crème épaisse mischen und mit etwas Zitronenschale und -saft, Salz, weißem Pfeffer und gemahlenem Piment abschmecken.

Brunnenkresse blanchieren und pürieren. Wachteleier in 2 ½ Minuten wachsweich kochen.

Bohnen auf gleiche Länge bringen und spalierartig auf die Teller legen. Seeigel-Rillette mit einer rechteckigen Servierform auf den Bohnen anrichten. Makrelenfilets aus dem Öl nehmen, abtropfen lassen und auf das Rilette legen. Wachteleier pellen, halbieren und anlegen. Brunnenkressepüree als Punkte aufbringen, eine Nocke Kaviar anlegen und nach Belieben mit Kräutern oder essbaren Blüten dekorieren.

4 Makrelen
(à 300–350 g)
150 g Salz
250 ml Zitronensaft
250 ml Olivenöl
250 g Nadelbohnen
1 Schalotte
250 g Sahne
1 EL Sherryessig
2 Seeigel
15 g Schnittlauchröllchen
10 g Estragonblätter,
fein gehackt
50 g Crème épaisse
(Seite 248)
Saft und Abrieb von
1 unbehandelten Zitrone
1 Bund Brunnenkresse
2 Wachteleier
60 g Osietra-Kaviar
Salz, schwarzer und
weißer Pfeffer, Piment

Kräuter und essbare
Blüten zum Dekorieren

SAUMON SOUFFLÉ „AUBERGE DE L'ILL"

Rezept für 8 Personen

Soufflé
250 g grätenfreies Hechtfleisch
2 Eier
2 Eigelb
250 ml eiskalte Sahne
2 Eiweiß
1 ganzer Lachs (ca. 2 kg)
4 Schalotten
375 ml Elsässer Riesling
250 ml Fischbrühe
Butter zum Einfetten
Salz, weißer Pfeffer, Muskatnuss

Sauce
250 g Sahne
150 g eiskalte Butterstücken
Saft von ½ Zitrone
Salz, weißer Pfeffer

Zum Servieren
8 Blätterteig-Fleurons (beim Konditor vorbestellen)
8 EL Tomaten-Concassée (Seite 248)

Für die Farce das Hechtfleisch durch die feine Scheibe des Fleischwolfs drehen. Dann in den Mixer geben. Eier und Eigelb zufügen, salzen, pfeffern und mit etwas frisch geriebener Muskatnuss würzen. Den Mixer laufen lassen und langsam in kleinen Mengen die eiskalte Sahne zugießen. Die Farce in eine Schüssel füllen und kalt stellen (am besten kurz in das Gefrierfach). Währenddessen das Eiweiß zu einem sehr steifen, schnittfesten Schnee schlagen. Den Eischnee vorsichtig unter die Hechtfarce heben. Erst nur die Hälfte einarbeiten, damit das Gemisch schon etwas luftig wird. Dann den Rest mit wenigen Bewegungen des Gummischabers leicht einziehen, damit eine schaumige Masse entsteht.

Den Lachs filetieren und häuten (oder diese Arbeit schon vom Händler vornehmen lassen). Die ausgelösten Filets jeweils vierteln, sodass acht Medaillons entstehen. Den Backofen auf 180 °C vorheizen. Schalotten schälen und fein hacken. Auf jedes Medaillon eine hohe Kuppel aus Hechtfarce aufstreichen. Eine ofenfeste Platte mit reichlich Butter ausstreichen, mit den Schalotten bestreuen und die farcierten Medaillons aufsetzen. Die Platte in ein tiefes Backblech setzen, den Riesling und die Fischbrühe angießen und im Backofen 15–20 Minuten garen. Der Lachs soll nicht ganz durch, das Soufflé darüber aber ganz aufgegangen und fest sein, damit es beim Herausnehmen nicht zusammenfällt.

Die Medaillons mit einer Bratschaufel vorsichtig herausnehmen und auf eine vorgewärmte Servierplatte setzen. Zurück in den ausgeschalteten Ofen schieben, eventuell mit Alufolie abdecken (darauf achten, dass die Folie die Soufflés nicht zerstört!).

Die Garflüssigkeit aus dem Backblech in einen Topf umfüllen und stark aufkochen. Die Sahne zugießen und beides zusammen sämig einreduzieren. Vom Herd nehmen und die eiskalten Butterwürfel nach und nach zugeben und einschwenken. Mit etwas Zitronensaft, Pfeffer und Salz abschmecken.

Medaillons vorsichtig auf die Teller heben, Sauce angießen, Tomaten-Concassée als Nocken anlegen und mit den Blätterteig-Fleurons dekorieren.

ZANDER AUF DEM HEU GEBACKEN
FLAMMKUCHEN MIT LACKIERTEM AAL

Rezept für 4 Personen

Schalotten schälen, klein hacken, in eine Sauteuse geben, Essig hinzufügen und so lange reduzieren, bis die Flüssigkeit vollständig verdampft ist. Weißwein angießen und auf 80 ml reduzieren. Sahne angießen. Mit der Butter aufmontieren, wieder erhitzen und mit den Kräutern (abgezupfte Blätter ohne Stiele) und dem Spinat in einem Mixer zu einer glatten Sauce verarbeiten. Mit Salz und Pfeffer abschmecken.

Für den Flammkuchen den Blätterteig 2 mm dünn ausrollen, mehrfach mit einer Gabel einstechen und mit dem Eigelb bestreichen. Zwischen zwei Blechen kross backen (damit er nicht aufgeht). Noch heiß in Rechtecke von 8 x 4 cm schneiden. Die Crème épaisse mit Piment, Salz und Pfeffer abschmecken und dünn auf den Blätterteig streichen. Das Aalfilet in Stücke schneiden, kurz in heißem Olivenöl sautieren. Mit Sukiyaki Wok-Sauce ablöschen und die Aalstücke in dieser Sauce rollen (lackieren).

Den Backofen auf 200 °C vorheizen. Die Zanderhaut mehrfach diagonal einschneiden (aber nicht bis zum Fleisch schneiden). Zander auf der Hautseite in Olivenöl kurz kross anbraten. Mit der Haut nach oben auf eine mit Heu ausgelegte, ofenfeste Platte setzen und im Backofen fertig garen. Das Heu muss gut erhitzt werden, damit es sein Aroma abgibt.

Kurz vor dem Servieren die lackierten Aalstücke auf den Flammkuchen setzen und zum Erhitzen zum Zander in den Ofen geben.

Zander und Flammkuchen auf einer Platte mit etwas Heu servieren, nach Belieben mit Kräutern oder japanischer Kresse dekorieren.

Sauce
2 Schalotten
50 ml Weißweinessig
400 ml trockener Weißwein
40 g Sahne
250 g eiskalte Butter
½ Bund Kerbel
½ Bund Estragon
½ Bund Dill
20 g glatte Petersilie
50 g Spinat, blanchiert
Salz, schwarzer Pfeffer

Flammkuchen
250 g Blätterteig
1 Eigelb
100 g Crème épaisse (Seite 248)
1 Prise Piment
1 frisches Aalfilet
2 EL Sukiyaki Wok-Sauce (Seite 248)
Olivenöl zum Anbraten
Salz, schwarzer Pfeffer

Zander
4 Zanderfilets mit Haut (à 150 g)
Olivenöl zum Anbraten
sauberes Heu

Kräuter oder japanische Kresse (Seite 248) zum Dekorieren

Hummer
4 Hummer
2 EL Olivenöl
200 g Mirepoix
(Seite 248)
1 EL Tomatenmark
1 TL Currypulver
1 TL Tandoori-
Gewürzpulver
100 ml Cognac
250 ml Weißwein
250 g Sahne
50 g Butter
Salz, schwarzer Pfeffer

Frühlingsrolle
4 Knoblauchzehen
1 Karotte
1 Lauchstange
1 Staudenselleriestange
1 EL Olivenöl
20 g Ingwer, gerieben
2 EL Sojasauce
½ EL Sesamöl
4 Blätter Brickteig (Seite 248, alternativ Frühlingsrollenteig oder Strudelteig)
1 Ei, verquirlt
Olivenöl zum Anbraten
Salz, schwarzer Pfeffer

Bohnen
200 g Kidneybohnen, eingeweicht
1 Zucchini
½ Zwiebel
1 EL Butter
1 Karotte
¼ Sellerieknolle
Pfeffer, Salz, Piment

Fertigstellen des Hummers
2 EL Olivenöl
50 ml Sake
20 g Butter

FLAMBIERTER BRETONISCHER HUMMER
MIT SAKE UND KIDNEYBOHNEN

Rezept für 4 Personen

Hummer 4 Minuten in reichlich kochendem Salzwasser blanchieren. Schwänze abtrennen und mit der Karkasse (Schale) in zwei Längshälften zerschneiden. Scheren auslösen.

Die Hummerköpfe säubern und in Olivenöl in großer Sauteuse rösten. Mirepoix, Tomatenmark, Curry und Tandoori-Gewürz zugeben, mit Cognac ablöschen. Weißwein angießen und die Flüssigkeit komplett reduzieren lassen. Mit 1 l Wasser auffüllen, die Sahne zugeben und 30 Minuten leise köcheln lassen. Durch ein Sieb passieren und evtl. noch etwas sämiger reduzieren. Mit Butter aufmixen, mit Salz und Pfeffer abschmecken.

Für die Frühlingsrolle die Knoblauchzehen schälen und klein hacken. Karotte, das Weiße vom Lauch und den Sellerie putzen, in Julienne (feine Streifen) schneiden und in einer Pfanne in Olivenöl kurz mit dem Knoblauch sautieren. Leicht salzen und pfeffern, Ingwer zugeben, mit Sojasauce ablöschen. Erkalten lassen und mit Sesamöl abschmecken. In den Brickteig rollen (vor dem Zusammenrollen die Seiten etwas einschlagen) und mit Ei verkleben. In der Pfanne von allen Seiten goldbraun braten.

Bohnen in ungesalzenem Wasser gar kochen. Zucchini fein würfeln und blanchieren. Zwiebel schälen, klein schneiden und in einer Pfanne in etwas Butter anschwitzen. Karotten- und Sellerie schälen, fein würfeln, zu der Zwiebel geben und einige Minuten mitbraten. Die Bohnen unterheben. Salzen, pfeffern und mit gemahlenem Piment würzen. Garen, ggf. Flüssigkeit abgießen, mit etwas Hummersauce mischen und erwärmen. Zucchini unterheben.

Die Hummerschwänze auf der Fleischseite in Olivenöl anbraten, drehen, Scheren dazugeben und mit Sake flambieren. Butter hinzufügen und fertig garen.

Bohnen in die Mitte tiefer Teller geben. Frühlingsrollen in je drei Teile schneiden und an die Bohnen legen. Hummer auslösen und auf den Bohnen mit der leicht schaumig geschlagenen Sauce servieren.

DIM SUM
VON FLUSSKREBSEN

Rezept für 4 Personen

Krebse 1 Minute in kochendem Salzwasser garen, in Eiswasser 1 Minute abschrecken, Schwänze ausbrechen.

Krebsköpfe im Olivenöl scharf anbraten, die Hälfte der Butter und Mirepoix dazugeben, mit Cognac und Wein ablöschen, Flüssigkeit auf ein Drittel reduzieren. 750 ml Wasser und die Sahne angießen, 30 Minuten köcheln lassen, abpassieren. Mit Salz, Pfeffer und Piment abschmecken und mit der restlichen, eiskalten Butter aufmontieren.

Glasnudeln in kaltem Wasser einweichen. Karotte und Sellerie schälen, Lauch putzen und in dünne Streifen (Julienne) schneiden. Knoblauch und Ingwer schälen, fein hacken und in Olivenöl sautieren (kurz und heiß anbraten, dabei stetig schwenken). Die Glasnudeln abgießen und abtropfen lassen. Das Gemüse abschmecken und mit den Glasnudeln und den Schnittlauchröllchen mischen.

Aus den zwei Eiern hauchdünne Omeletts backen, mit der Gemüse-Glasnudel-Mischung füllen und aufrollen. In 3 cm breite Röllchen schneiden.

Sellerie schälen und fein würfeln. 12 Krebsschwänze fein hacken. Die Fischfarce mit etwas Estragon, Sellerie, dem Krebsfleisch und der Fischsauce mischen, mit Salz und Pfeffer abschmecken. Die Wan-Tan-Blätter damit füllen, zu Ravioli formen und in kochendem Wasser 1 Minute pochieren. In kaltem Wasser abschrecken.

Die Saisongemüse blanchieren und in einen Dämpfkorb (oder Siebeinsatz in Kochtopf) geben, die Ravioli und die Omelettröllchen hinzufügen und über dem Dampf ca. 4–5 Minuten erwärmen. Die restlichen Flusskrebsschwänze zum Aufwärmen am Ende hinzufügen und schließlich mit der Krebssauce und den Kräutern separat servieren.

32 Flusskrebse
50 ml Olivenöl
60 g kalte Butter
250 g Mirepoix
(Seite 248)
30 ml Cognac
250 ml Weißwein
500 g Sahne
50 g Glasnudeln
1 Karotte
¼ Sellerieknolle
1 Lauchstange
2 Knoblauchzehen
10 g Ingwer
1 EL Schnittlauchröllchen
4 Eier
30 g Staudensellerie
100 g Fischfarce
(Rezept siehe Seite 222)
1 Msp. gehackter
Estragon
1 TL Fischsauce
8 Wan-Tan-Blätter
4 Portionen Mini-Saisongemüse
Olivenöl zum Anbraten
Salz, schwarzer Pfeffer, gemahlener Piment

Kerbel und Dill zum Garnieren

Gewürzhonig
25 g Szechuanpfeffer
25 g Korianderkörner
5 g Kümmelsamen
3 grüne Kardamom-
kapseln
120 g Blütenhonig
1 EL Sojasauce
2 EL Sherryessig
1 Knoblauchzehe

Rotkohl
800 g Rotkohl
1 EL Zucker
3 EL Rotweinessig
1 TL Salz
200 g Zwiebeln
8 getrocknete Feigen

100 ml Olivenöl
250 ml Rotwein
100 ml Portwein
3 Scheiben frischer
Ingwer

Enten
2 junge, magere
Wildenten (Colvert),
bratfertig, zusammen-
gebunden
Salz

Maisküchlein
3 Eier
3 EL Mehl
1 Dose Mais (400 g)
Erdnussöl zum Braten
Salz

Sauce
500 ml Entenfond (aus
den Karkassen gemacht)
1 EL Gewürzhonig (siehe
Zubereitung oben)
100 ml Portwein
50 g kalte Butter

Zum Servieren
4 frische Feigen
1 EL Butter

WILDENTE MIT KONFIERTEM ROTKRAUT
FEIGEN UND MAISKÜCHLEIN

Rezept für 2 Personen

Szechuanpfeffer, Koriander, Kümmel und Kardamom in einer Mühle zu feinem Pulver mahlen. Die gemahlenen Gewürze mit dem Honig, der Sojasauce und dem Essig vermischen und die ganze Knoblauchzehe hinzufügen. 1 Woche bei Raumtemperatur ziehen lassen, dann den Knoblauch entfernen.

Den Kohl am Vorabend vierteln und den Strunk herausschneiden. Jedes Kohlviertel in sehr feine Streifen schneiden. Den Kohl mit dem Zucker, dem Essig und dem Salz vermischen und über Nacht ziehen lassen.

Den Backofen auf 150 °C vorheizen. Zwiebeln schälen und klein hacken, Trockenfeigen in kleine Würfel schneiden. Das Olivenöl in einem gusseisernen Schmortopf erhitzen und die Zwiebeln darin leicht bräunen. Den marinierten Kohl und die Feigenwürfel hinzufügen, Rotwein und Portwein aufgießen und den Ingwer dazugeben. Den Schmortopf zugedeckt im Backofen ca. 1 ½ Stunden schmoren, bis er weich ist. Vor dem Servieren gut durchmischen und abschmecken.

Backofen auf 200 °C vorheizen. Die Enten innen und außen salzen und rundherum mit dem Gewürzhonig einpinseln. Die Enten in eine ofenfeste Form geben und im Backofen ca. 15 Minuten braten, bis sie schön goldbraun sind. Die Enten aus dem Ofen nehmen und 15 Minuten ruhen lassen. Vor dem Servieren das Bindegarn entfernen.

Für die Maisküchlein Eier, Mehl, Salz und den Mais in einer Moulinette vermixen. Ein wenig Öl in einer beschichteten Pfanne erhitzen und je 1 EL Maismasse in die Pfanne geben. Die Küchlein von beiden Seiten goldgelb braten.

Für die Sauce Entenfond, Gewürzhonig und Portwein um die Hälfte reduzieren, abseihen und mit der kalten Butter montieren.

Die frischen Feigen in Scheiben schneiden und in der heißen Butter wenden. Die Ente zum Anrichten nochmals 5 Minuten zum Aufwärmen in den heißen Ofen schieben, auf eine Servierplatte legen und mit den Maisküchlein, dem Rotkohl und den Feigen servieren.

TIPP: Die relativ kurze Garzeit der Ente gilt nur für magere Wildenten (Colvert) und nicht für gemästete, fette Barbarie-Enten. Wildenten isst man in Frankreich am liebsten blutig oder rosa.

KALBSKOTELETT MIT GEFÜLLTEM KOPFSALAT UND MAKKARONIGRATIN

Rezept für 4 Personen

Backofen auf 200 °C vorheizen. Kalbskoteletts in Olivenöl in einer ofenfesten Pfanne kurz von allen Seiten anbraten, Butter zufügen und im Backofen ca. 7 Minuten rosa garen. 10 Minuten ruhen lassen und vor dem Servieren erneut kurz im Ofen erhitzen.

Vier große grüne Blätter vom Salat kurz in kochendem Salzwasser blanchieren und sofort in Eiswasser abschrecken. Auf einem Tuch ausbreiten. Pilze in etwas Butter sautieren, klein hacken. Knoblauch fein hacken. Die restlichen grünen Salatblätter (die zarten gelben Blätter getrennt als Salat servieren) in einer Pfanne mit dem Knoblauch in etwas Butter zusammenfallen lassen. Blätter gut ausdrücken und mit den gehackten Pilzen, Petersilie und der Brunoise mischen. Mit Salz und Pfeffer abschmecken, mit etwas Crème épaisse binden. Die Salatblätter damit füllen und zu Kugeln formen. Kugeln mit dem Geflügelfond und der Butter in eine Sauteuse setzen und unter ständigem Übergießen erhitzen.

Die Makkaroni in reichlich sprudelndem Salzwasser sehr al dente kochen. Gleichzeitig in einem Topf die Sahne erhitzen und bei großer Hitze um die Hälfte reduzieren lassen. Salzen und pfeffern. Makkaroni abgießen, ausdampfen lassen und zur Sahne geben.

Den Backofen auf 220 °C vorheizen. Die Gänsestopfleber in Würfel schneiden und ganz kurz in der Butter anbraten. Trüffel putzen, in feine Streifen schneiden und zusammen mit der Gänsestopfleber zu den Makkaroni geben. Alles erneut ganz kurz aufkochen und in eine Auflaufform umfüllen. Mit dem frisch geriebenen Käse bestreuen und im Backofen etwa 15 Minuten überbacken, bis der Käse goldbraun ist.

Die Koteletts mit den Kopfsalatkugeln und dem Gratin servieren.

TIPP: Den Kopfsalat kann man auf runden Croûtons oder Mürbeteigtalern mit jeweils einer Scheibe Trüffel anrichten. Zu diesem Gericht passt Sauce Perigord (siehe Taubenkotelett Seite 209).

Koteletts
4 Kalbskoteletts (à 250 g)
4 EL Olivenöl
100 g Butter

Kopfsalat
2 Kopfsalate
60 g gemischte Waldpilze
etwas Butter zum Sautieren
1 Knoblauchzehe
1 EL gehackte Petersilie
2 EL gemischte kleine Brunoise (Seite 248)
1 EL Crème épaisse (Seite 248)
250 ml Geflügelfond
30 g Butter
Salz, schwarzer Pfeffer

Gratin
250 g Makkaroni
500 g Sahne
150 g Gänsestopfleber
30 g Butter
50 g Trüffel
100 g Gruyère
Salz, schwarzer Pfeffer

Reh
1 Rehrücken
750 ml Rotwein
250 g Mirepoix
(Seite 248)
4 Champignons
6 Wacholderbeeren
1 Lorbeerblatt
1 Nelke
1 Thymianzweig

Püree
1 kg Topinambur
500 ml Milch
50 g Butter
Salz, weißer Pfeffer,
Muskatnuss

Sauce
1 EL Mehlbutter (je ½ EL
Weizenmehl und
weiche Butter miteinander verknetet)
50 g eiskalte Butter,
in Stücken
Salz, schwarzer Pfeffer

Pilze
2 Schalotten
600 g gemischte Waldpilze der Saison
4 EL Olivenöl
2 EL grob gehackte
Petersilie
Salz, schwarzer Pfeffer

Zum Servieren
4 Kartoffelringe
4 Petersilienblätter
Olivenöl und Butter zum
Anbraten

REHNÜSSCHEN MIT TOPINAMBURPÜREE
UND GEMISCHTEN WALDPILZEN

Rezept für 4 Personen

Rehrücken von den Knochen auslösen und parieren (sichtbare Sehnen und Bindehäute entfernen). Marinade aus Rotwein, Mirepoix, klein geschnittenen Champignons, Gewürzen und Kräutern bereiten. Rehfilet darin 1 Stunde marinieren, dann entnehmen und bei Zimmertemperatur beiseite stellen. Marinade für die Sauce aufheben.

Topinambur schälen und in der Milch mit etwas Salz weich kochen. Abgießen und mit der Butter pürieren. Mit Salz, weißem Pfeffer und frisch geriebener Muskatnuss abschmecken.

Für die Sauce die Rehknochen klein hacken, im Backofen mit den Parüren (Sehnen und Fleischabschnitte des Rehrückens) rösten. In einen Topf geben und mit der Marinade ablöschen. Reduzieren 1 ½ l Wasser angießen und 1 ½ Stunden köcheln lassen. Durch ein feines Sieb passieren, evtl. noch etwas reduzieren, mit der Mehlbutter binden und mit der Butter aufmontieren. Mit Salz und Pfeffer abschmecken.

Schalotten schälen und fein hacken. Pilze waschen, trocken tupfen und in Olivenöl mit den Schalottenwürfeln sautieren. Petersilie hinzufügen und mit Salz und Pfeffer abschmecken.

Direkt vor dem Servieren das Rehfilet in Nüsschen (Scheiben) schneiden und in Olivenöl und etwas Butter in der Pfanne 2–3 Minuten von jeder Seite braten. Mit dem Topinamburpüree und den Pilzen servieren, ggf. jeweils mit einem Kartoffelring und etwas Petersilie dekorieren.

TIPP: Restliches Topinamburpüree kann separat gereicht oder eingefroren werden. Die Rehnüsschen schmecken auch mit Rote-Bete-Püree sehr gut.

SORBETS
IN DER BENTO-BOX

Für jeweils 20–25 Kugeln

Himbeersorbet
1 kg Himbeerpüree
(12 % Zucker;
von Ponthier)*
250 ml Wasser
130 g Zucker
100 g Glukosepulver
(Traubenzucker in
Pulverform)*
50 g Invertzucker (Gluco-se-Fructose-Gemisch)*

Apfelsorbet
1 kg Apfelpüree
(13 % Zucker;
von Ponthier)*
260 ml Wasser
100 g Zucker
100 g Glukosepulver
40 g frisch gepresster
Zitronensaft
50 g Manzana (Likör
vom grünen Apfel)*

Mangosorbet
650 g Mangopüree
(10 % Zucker;
von Ponthier)*
350 g Passionsfrucht-
püree (10 % Zucker;
von Ponthier)*
970 ml Wasser
345 g Zucker
160 g Glukosepulver*
70 g Invertzucker*

Grapefruitsorbet
1 l frisch gepresster
Grapefruitsaft
200 ml Wasser
250 g Zucker
100 g Glukosepulver
50 g Invertzucker

Für die Sorbets die jeweiligen Zutaten im Mixer zu glatten Cremes ver-arbeiten. Getrennt in der Eismaschine zu Sorbets gefrieren lassen, oder getrennt tiefkühlen und nach 1 Stunde Kühlzeit alle 15 Minuten mit einem Schneebesen durchrühren, bis eine typische Sorbetkonsistenz mit möglichst wenigen Eiskristallen erreicht ist. Das Sorbet hält sich im Tiefkühlfach einige Wochen lang.

* Seite 248

ROSETTE VON ZITRUSFRÜCHTEN
GEWÜRZBROT UND WEIHNACHTSBIER-EIS

Rezept für 6 Personen

Die Grapefruits und vier der Orangen schälen und mit einem scharfen Messer filetieren (die Segmente lösen, indem man knapp innerhalb der weißen Häutchen schneidet, sodass die Segmente ohne diese Häutchen serviert werden können). Den dabei austretenden Saft auffangen.

Aus den Gewürzbrotscheiben Kreise (ca. 7 cm ø) ausstechen und abwechselnd mit den Orangen- und Grapefruitfilets in tiefen Tellern als kreisrunde Rosetten auslegen.

Restliche Orangen auspressen. Gelatine in kaltem Wasser einweichen, gut ausdrücken und in 4 EL heißem Orangensaft unter Rühren auflösen. Restliche Säfte (auch die Reste vom Filetieren) und den Grand Marnier untermischen. Diese Flüssigkeit über die Rosetten verteilen und im Kühlschrank 2–3 Stunden gelieren lassen.

Für das Biereis Milch und Sahne zum Kochen bringen. In einer Rührschüssel Eigelb und Zucker mit dem Schneebesen schaumig schlagen und das Bier zufügen. Langsam in die heiße (aber nicht mehr kochende) Milch-Sahne-Mischung einrühren und zur Rose abziehen (Seite 248), abseihen. Abkühlen lassen und in der Eismaschine oder dem Tiefkühler gefrieren.

Zum Servieren je eine Nocke Eis abstechen und auf die Rosetten legen. Nach Belieben mit Feingebäck dekorieren.

Rosette
3 Grapefruits
6 Orangen
6 dünne Scheiben Gewürzbrot
2 Blatt Gelatine
4 cl Grand Marnier

Eis
300 ml Milch
100 g Sahne
4 Eigelb
125 g Zucker
100 ml dunkles Bier

Feingebäck zum Dekorieren

SOUFFLÉ UND SORBET
VON DER QUITTE

Rezept für 6 Personen

Soufflé
6 Quitten
500 g Zucker
1 EL weiche Butter
25 g Speisestärke
20 g Quittenschnaps
200 g Eiweiß (von ca. 6–7 Eiern)

Sorbet
130 ml ungezuckerter Quittenkochfond
80 g Zucker
50 g Glukosepulver (Seite 248)
20 g Invertzucker (Seite 248)
500 g Quittenpüree
Saft von ½ Zitrone

Fünf Quitten schälen, entkernen und in grobe Stücke schneiden. Über Nacht an einem kühlen Ort oxidieren lassen (sie laufen dabei dunkel an). Quitten in einem Topf mit 2 l Wasser bedecken und bei mittlerer Hitze pochieren, bis sie weich sind. Abgießen, Kochfond auffangen und die Quitten pürieren.

Restliche Quitte schälen und vierteln. 500 ml Kochfond mit 250 g Zucker im Topf aufkochen und die Quittenviertel pochieren. Herausnehmen und in Würfel schneiden. Souffléförmchen innen mit Butter einreiben und mit etwas Zucker auskleiden. Quittenwürfel darin verteilen, den Kochfond aufbewahren. 140 g ungezuckerten Kochfond mit 140 g Quittenpüree und der Speisestärke aufkochen. Etwas abkühlen lassen und den Schnaps hinzufügen.

Ofen auf 180 °C Umluft vorheizen. Eiweiß mit 40 g Zucker steifschlagen und den restlichen Zucker nach und nach in den Eischnee rühren. Wenn die Masse fest und cremig ist, unter das Quittenpüree ziehen und die Souffléförmchen damit füllen. Förmchen in ein Wasserbad stellen (z. B. Fettpfanne oder tiefes Backblech mit kochendem Wasser) und 15 Minuten backen. Danach sofort mit dem Sorbet servieren.

Für das Sorbet den übrigen Quittenkochfond mit den Zuckersorten und der Glukose aufkochen. Püree und Zitronensaft zufügen und in der Eismaschine zu Sorbet verarbeiten.

GEEISTES SAHNE-BAISER NACH GROSSMUTTERART

Rezept für 6 Personen

Baiser
150 g Eiweiß
150 g Zucker
150 g Puderzucker

Vanilleeis
425 ml Milch
75 g Sahne
1 Vanilleschote
(Tahitivanille)
5 Eigelb
125 g Zucker

Erdbeersorbet
50 g Glukosepulver
(Seite xy)
150 g Zucker
500 g Erdbeeren püriert
10 ml Zitronensaft

Erdbeercoulis
250 g Erdbeeren
15 g Zucker
1 Spritzer Zitronensaft

Verzierung
500 g Sahne
Mark von
½ Vanilleschote
60 g Puderzucker

Den Backofen auf 150°C vorheizen. Für das Baiser Eiweiße mit der Hälfte des Zuckers mit dem Handmixer bei mittlerer Geschwindigkeit aufschlagen. Wenn die Masse Volumen gewinnt, den restlichen Zucker nach und nach einrieseln lassen und die Geschwindigkeit erhöhen. Wenn die Masse fest und cremig ist, den Puderzucker von Hand unterziehen. Die Masse in einen Spritzbeutel füllen und Kreise von 6 cm ø auf Backpapier spritzen. Im Backofen 50 Minuten backen.

Für das Vanilleeis Milch, Sahne und aufgeschnittene Vanilleschote aufkochen. In einer Rührschüssel Eigelbe mit Zucker schaumig schlagen. Milch-Sahne-Mischung angießen und zurück in den Topf geben. Zur Rose abziehen (siehe Seite 248). Vanilleschote entfernen, die Masse erkalten und in der Eismaschine oder dem Tiefkühler gefrieren lassen.

Für das Erdbeersorbet 100 ml Wasser mit Glukosepulver und Zucker aufkochen, abkühlen lassen. Mit dem Erdbeerpüree mischen, Zitronensaft hinzufügen. In der Eismaschine oder dem Tiefkühler gefrieren.

Für den Erdbeercoulis Erdbeeren mit 150 ml Wasser und Zucker 10 Minuten köcheln lassen. Anschließend mixen und passieren. Abkühlen lassen und einen Spritzer Zitronensaft zufügen.

Für die Verzierung die Sahne mit dem Vanillemark mischen und steif schlagen. Puderzucker untermischen und in einen Spritzbeutel füllen.

Zum Servieren je eine Kugel Vanilleeis und Erdbeersorbet zwischen zwei Baiserscheiben einquetschen. Diesen Zylinder auf den Teller stellen und mit der Sahne und der Erdbeercoulis garnieren.

BABA
MIT ANANAS

Für 25–30 Babas

Baba
250 g Mehl
5 g Salz
4 Eier
300 g Zucker
10 g frische Hefe
60 g weiche Butter
50 g Korinthen
1 unbehandelte Orange
1 unbehandelte Zitrone

Creme
250 g Milch
50 g Zucker
Schote und Mark von ½ Vanilleschote (Tahitivanille)
2 Eigelb
20 g Speisestärke
150 g Sahne
1 Spr. Kirschwasser

Piña-Colada-Eis
500 ml Milch
250 ml Kokosmilch
250 g Sahne
1 Prise geriebene Muskatnuss
12 Eigelb
200 g Zucker
75 ml brauner Rum
30 ml Kokoslikör
125 ml Ananassaft

1 Ananas

Mehl, Salz, Eier, 20 g Zucker und Hefe mit dem Knethaken des Handrührgeräts zu einem glatten Teig verarbeiten. Butter und Korinthen zufügen, gut mischen und in gebutterte Baba-Förmchen (flache, runde Backförmchen) füllen. An einem warmen Ort gehen lassen, bis sich das Volumen verdoppelt hat.

Backofen auf 180 °C vorheizen und Babas 25 Minuten backen. Auskühlen lassen, aus den Förmchen nehmen. Orange und Zitrone mit einem Sparschäler dünn abschälen. Restlichen Zucker mit 1 l Wasser aufkochen und die Schalen von Zitrone und Orange zufügen. Die Babas mit diesem Sirup tränken und auf einem Gitter abtropfen lassen.

Milch mit der Hälfte des Zuckers und der Vanille (Schote und Mark) aufkochen. In einer Rührschüssel Eigelbe mit dem restlichen Zucker und der Speisestärke gut vermischen und zu der kochenden Milch geben. 2 Minuten unter ständigem Rühren kochen, dann in eine Schüssel zum Abkühlen geben. Vanilleschote entfernen. Sahne schlagen, unterziehen und mit Kirschwasser aromatisieren. In einen Spritzbeutel füllen.

Für das Piña-Colada-Eis Milch, Kokosmilch und Sahne mit 1 Prise geriebener Muskatnuss aufkochen. In einer Rührschüssel Eigelbe mit Zucker schaumig schlagen. Milch-Sahne-Mischung angießen und zurück in den Topf geben. Zur Rose abziehen (siehe Seite 248). Rum, Kokoslikör und Ananassaft zufügen und in der Eismaschine oder dem Tiefkühler gefrieren.

Zum Servieren die Ananas schälen auf der Aufschnittmaschine (oder mit dem Messer) dünn aufschneiden, kurz durch den restlichen Baba-Sirup ziehen und die Teller damit auslegen. Die Babas aufsetzen, mit der Creme füllen und mit dem Eis garnieren.

GLOSSAR UND BEZUGSQUELLEN

Agar-Agar
Geschmacksneutrales Geliermittel aus bestimmten Algenarten. Zu beziehen über www.bosfood.com

Aufmontieren
Von Französisch: monter = in die Höhe steigen: Mit einem Schneebesen schnell einrühren.

Brickteig
Weizenteig aus der nordafrikanischen Küche, der sehr dünn ausgerollt als Fladen gebraten oder als Teigtasche gefüllt wird. Zu beziehen über www.bosfood.com

Bouquet garni
Kräutersträußchen mit Küchengarn zusammengebunden aus Petersilienstängeln, Thymianzweigen, Rosmarinzweigen und Lorbeerblättern zur Verfeinerung von Saucen, Suppen und Brühen.

Brunoise
Fein gewürfeltes Gemüse (Karotte, Sellerie und Lauch) als Einlage in Suppen und Saucen, für Pasteten und Soufflémassen sowie Fisch- und Hummergerichte.

Crème épaisse
Crème fraîche aus der Normandie. Zu beziehen über www.bosfood.com

Demi-glace
Braune, stark konzentrierte Kraftsauce. Zu beziehen über www.bosfood.com

Essbare Blüten
Zahlreiche Blüten eignen sich zum Verzehr, z.B. Baldrian, Borretsch, Duftveilchen, Fuchsie, Gänseblümchen, Holunder, Jasmin, Kamille, Klee, Löwenzahnblüten, Primel, Ringelblume, Rose, Schnittlauch, Stiefmütterchen. Die Blüten sollten frisch aufgeblüht gepflückt werden. Blumen vom Händler sind behandelt und nicht zum Verzehr geeignet.

Farce
Füllung mit Sahne und sehr fein gemixtem oder durchgedrehtem Fleisch, Fisch oder Meeresfrüchten, pikant gewürzt und gebunden.

Filoteig
Hauchdünner Teig aus Mehl, Wasser und Salz. Im Kühlregal erhältlich.

Glukosepulver
Getrockneter Glukosesirup (Traubenzucker) in Pulverform, kristallisiert beim Verarbeiten nicht aus. Zu beziehen über www.bosfood.com

Invertzucker
Mischung aus Trauben- und Fruchtzucker. Zu beziehen über www.bosfood.com

Japanische Kresse
Scharfe Kresse aus der Familie der Radieschen, auch Daikon Cress®, Daikon-Rettich oder Kaiware Kresse genannt. Zu beziehen über www.samen-frese.de

Manzana
Apfelsorte aus der Manzana Verde gewonnen wird, ein klarer Likör mit 15-17% vol. Zu beziehen über www.bosfood.com

Mirepoix
Würfel von Röstgemüse wie z.B. Karotte, Knollensellerie, Lauch und Zwiebeln zum Ansetzen von Suppen, Saucen und Sud. Für helles Mirepoix werden nur helle Gemüse verwendet.

Mirin
Süßer Reiswein aus der japanischen Küche mit 14 % vol.

Parieren
Fleisch- und Fischstücke von Sehnen, Fett und Haut befreien und gleichmäßig zurechtschneiden.

Pecorino dolce
Nur 20 bis 60 Tage gereifter Pecorino sardo mit weichem

Teig. Zu beziehen über www.medi-terran.de

Pektin
Pflanzliches Geliermittel z.B. aus Äpfel und Zitrusfrüchten. Auch E 440 genannt, aus dem Reformhaus.

Piment d'Espelette
Mildes Chili-Gewürz aus dem französischen Baskenland.

Pommery-Senf
Milder, körniger Senf von Moutarde de Meaux Pommery. Zu beziehen über www.gourmondo.de

Ponthier
Hersteller von Fruchtpürees. Zu beziehen über www.bosfood.com

Ras el-Hanout
Marokkanische Gewürzmischung mit bis zu 25 Zutaten. Zu beziehen über www.bosfood.com

Sablé Breton
Französisches, rundes Mürbeteiggebäck.

Sauteuse
Schwenkpfanne mit meist nach außen gezogenem hohen Rand. Hochwertige Sauteusen bestehen aus verzinntem Kupfer oder dünnem Edelstahl um eine rasche Wärmeleitung zu garantieren.

Sautieren
Schnelles, kurzes Anbraten in Fett, dabei schwenken.

Sojalecithin
Auch E 322. Texturgeber beim Aufschäumen von Flüssigkeiten, der Schäume stabiler und gefrierfest macht. Zu beziehen über www.bosfood.com

Sot-l'y-laisse
Im Französischen heißt das „Pfaffenstückchen" soit-l'y-laisse, was so viel bedeutet wie: „Ein Narr, wer dies liegen lässt." Dieses in Deutschland kaum bekannte kleine Fleischstück wird aus dem Rücken von Geflügel wie Hühnchen oder Perlhuhn unterhalb der Wirbelsäule geschnitten. Es hat ein sehr intensives Fleischaroma und ist zart und saftig.

Sukiyaki Wok-Sauce
Würzsauce auf Sojasaucenbasis. Zu beziehen über www.bosfood.com

Tomaten-Concassée
Von Französisch: concasser = grob schneiden, grob hacken. Gehäutete und entkernte, sehr fein geschnittene Tomaten.

Trimoline
Invertzuckersirup aus Trauben- und Fruchtzucker. Zu beziehen beim Konditor oder über www.bosfood.com

Vulkanspargel
Der zur Familie der Zichorien gehörende Vulkanspargel ist in Apulien auch unter dem Namen Catalogna Cimata bekannt und wird derzeit im Badischen wiederentdeckt.

Xanthan
Auch E 415. Weißes, neutrales Stärkepulver zum Gelieren und Verdicken. Zu beziehen über www.bosfood.com

Yuzu
Japanische Zitrusfrucht, weniger saftreich, aber geschmacksintensiver als die Zitrone.

Zur Rose abziehen
Eine Crèmemasse unter Rühren bis kurz vor dem Siedepunkt erhitzen, sodass sie auf dem Kochlöffel leicht angedickt liegen bleibt und beim Draufblasen kleine Kringel in Form einer Rose zeigt.

REGISTER

A
Aal
Zander, auf dem Heu gebacken und Flammkuchen mit lackiertem Aal 225
Ananas
Baba mit Ananas 244
Anjou-Taube, Brust und Keule 114
Apfel
Dome von Apfel-Karamell-Schaum 123
Flammkuchen süß 130
Jakobsmuscheln in Walnusskruste mit Rote-Bete-Salat und Sorbet 211
Sorbets in der Bento-Box 236
Apfel
Apfelgelee 123
Apfel-Karamell-Schaum 123
Apfel-Mousse 123
Apfel-Sorbet 236
Aprikosenclafoutis mit Butterstreusel, Sauerrahmeis und Holunder-Beerensuppe 150
Aubergine
Flammkuchen provençale 130
Avocado
Geräucherter Lachs mit Avocadocreme 93
Nordseekrabben mit Avocado und Gurkengelee 91

B
Baba mit Ananas 244
Baiser
Geeistes Sahne-Baiser nach Großmutterart 242
Beeren
Aprikosenclafoutis mit Butterstreusel, Sauerrahmeis und Holunder-Beerensuppe 150
Bier
Rosette von Zitrusfrüchten, Gewürzbrot und Weihnachtsbier-Eis 239
Biskuit
Dome von Apfel-Karamell-Schaum 123
Blüten, essbare
Marinierte Makrele mit Seeigel-Rillette und Bohnensalat 221
Bohnen
Flambierter bretonischer Hummer mit Sake und Kidneybohnen 227
Marinierte Makrele mit Seeigel-Rillette und Bohnensalat 221
Bouillabaisse 145
Brunnenkresse
Pochiertes Ei im Glas mit Kartoffelschnee, konfierter Perlhuhnkeule und Brunnenkressesauce 142
Marinierte Makrele mit Seeigel-Rilette und Bohnensalat 221

Butterstreusel
Aprikosenclafoutis mit Butterstreusel, Sauerrahmeis und Holunder-Beerensuppe 150

C
Calamaretti
Bouillabaisse 145
Cassismousse mit Zitronensorbet und Meringue 126

D
Dessert
Aprikosenclafoutis mit Butterstreusel, Sauerrahmeis und Holunder-Beerensuppe 150
Cassismousse mit Zitronensorbet und Meringue 126
Dome von Apfel-Karamell-Schaum 123
Flammkuchen süß 130
Geeistes Sahne-Baiser nach Großmutterart 242
Rosette von Zitrusfrüchten, Gewürzbrot und Weihnachtsbier-Eis 239
Schwarzwälder Kirsch 125
Sorbets in der Bento-Box 236
Soufflé und Sorbet von der Quitte 240
Weißkäse 139
Dim Sum von Flusskrebsen 229
Dome von Apfel-Karamell-Schaum 123
Duxelles
Kalbskotelett mit Duxelles-Füllung 119

E
Eingemachtes Milchkalbfleisch 134
Ente
Wildente mit konfiertem Rotkraut, Feigen und Maisküchlein 231
Erbsen
Kalbskopfragout mit Wildwassergarnele 147
Erdbeercoulis
Geeistes Sahne-Baiser nach Großmutterart 242
Erdbeere
Geeistes Sahne-Baiser nach Großmutterart 242

F
Feige
Wildente mit konfiertem Rotkraut, Feigen und Maisküchlein 231
Fenchel
Makrele „escabeche" 101
Fisch
Bouillabaisse 145
Gebratene ganze Seezunge mit La-Ratte-Kartoffeln und Petersilienbutter 147
Gebratener Atlantik-Steinbutt mit Venere-Risotto 99
Geräucherter Lachs mit Avocadocreme 93
Hummer-Savarin 106
Lachs-Jakobsmuschel-Carpaccio mit Yuzu-Marinade, Vulkanspargel-Gâteau und gebackenen Petoncle
Lachsschaum mit Hummersauce 94
Marinierte Makrele mit Seeigel-Rillette und Bohnensalat 221
Rochenflügel mit Tomaten in Traubenkernöl 104
Saumon Soufflé „Auberge de L'Ill" 222
Wolfsbarsch mit Hummersauce 103
Zander, auf dem Heu gebacken und Flammkuchen mit lackiertem Aal 225
Flambierter bretonischer Hummer mit Sake und Kidneybohnen 227
Flammkuchen 130
Flammkuchen mit Gruyère 130
Flammkuchen mit Münsterkäse 130
Flammkuchen provençale 130
Flammkuchen süß 130
Flammkuchen traditionell 130
Zander, auf dem Heu gebacken und Flammkuchen mit lackiertem Aal 225
Flusskrebse
Dim Sum von Flusskrebsen 229
Froschschenkel in Kräutern 89
Froschschenkelschäumchen 206
Frühlingsrolle
Flambierter bretonischer Hummer mit Sake und Kidneybohnen 227

G
Gänseleber
Gebratene Gänseleber mit Zwetschgen und Portweinkaramell 215
Getrüffelte Pastete mit vier Fleischsorten und Gänseleber 216
Kalbskotelett mit gefülltem Kopfsalat und Makkaronigratin 233
Périgordtrüffelbällchen mit Sauce Périgord 218
Taubenkotelett mit Trüffel 209
Garnele
Kalbskopfragout mit Wildwassergarnele 147
Gebratene Gänseleber mit Zwetschgen und Portweinkaramell 215
Gebratene ganze Seezunge mit La-Ratte-Kartoffeln und Petersilienbutter 147
Gebratene Sot-l'y-laisse mit Polentaschaum und Maronencrème 112
Gebratener Atlantik-Steinbutt mit Venere-Risotto 99

Geeistes Sahne-Baiser nach Großmutterart
Geflügel
    Anjou-Taube, Brust und Keule 114
    Gebratene Sot-l'y-laisse mit Polentaschaum und Maronencrème 112
    Getrüffelte Pastete mit vier Fleischsorten und Gänseleber 216
    Périgordtrüffelbällchen mit Sauce Périgord 218
    Taubenkotelett mit Trüffel 209
    Wildente mit konfiertem Rotkraut, Feigen und Maisküchlein 231
Gelee
    Dome von Apfel-Karamell-Schaum 123
    Getrüffelte Pastete mit vier Fleischsorten und Gänseleber 216
    Nordseekrabben mit Avocado und Gurkengelee 91
Geräucherter Lachs mit Avocadocreme 93
Getrüffelte Pastete mit vier Fleischsorten und Gänseleber 216
Gewürzbrot
    Rosette von Zitrusfrüchten, Gewürzbrot und Weihnachtsbier-Eis 239
Gewürzhonig
    Wildente mit konfiertem Rotkraut, Feigen und Maisküchlein 231
Grapefruit
    Rosette von Zitrusfrüchten, Gewürzbrot und Weihnachtsbier-Eis 239
    Sorbets in der Bento-Box 236
Gratin
    Kalbskotelett mit gefülltem Kopfsalat und Makkaronigratin 233
Gruyère
    Flammkuchen mit Gruyère 130
Gurkengelee
    Geräucherter Lachs mit Avocadocreme 93
    Nordseekrabben mit Avocado und Gurkengelee 91
Gurkenrelish
    Geräucherter Lachs mit Avocadocreme 93

H
Hähnchen
    Getrüffelte Pastete mit vier Fleischsorten und Gänseleber 216
Hecht
    Saumon Soufflé „Auberge de L'Ill" 222
Himbeere
    Sorbets in der Bento-Box 236
Holunder-Beerensuppe

Aprikosenclafoutis mit Butterstreusel, Sauerrahmeis und Holunder-Beerensuppe 150
Hummer
    Bouillabaisse 145
    Flambierter bretonischer Hummer mit Sake und Kidneybohnen 227
    Hummer-Savarin 106
    Hummer-Spaghettini 108
    Lachsschaum mit Hummersauce 94
    Wolfsbarsch mit Hummersauce 103
Hummersauce
    Hummer-Spaghettini 108
    Lachsschaum mit Hummersauce 94
    Wolfsbarsch mit Hummersauce 103

I
Innereien
    Gebratene Gänseleber mit Zwetschgen und Portweinkaramell 215
    Getrüffelte Pastete mit vier Fleischsorten und Gänseleber 216
    Kalbskotelett mit gefülltem Kopfsalat und Makkaronigratin 233
    Kalbsnieren in Pommery-Senf-Sauce 132
    Périgordtrüffelbällchen mit Sauce Périgord 218
    Taubenkotelett mit Trüffel 209

J
Jakobsmuschel
    Lachs-Jakobsmuschel-Carpaccio mit Yuzu-Marinade, Vulkanspargel-Gâteau und gebackenen Petoncle 97
    Jakobsmuschelcarpaccio mit weißer Trüffel 212
    Jakobsmuscheln in Walnusskruste mit Rote-Bete-Salat und Sorbet 211

K
Kalb
    Eingemachtes Milchkalbfleisch 134
    Getrüffelte Pastete mit vier Fleischsorten und Gänseleber 216
    Kalbskopfragout mit Wildwassergarnele 147
    Kalbskotelett mit Duxelles-Füllung 119
    Kalbskotelett mit gefülltem Kopfsalat und Makkaronigratin 233
    Kalbsnieren in Pommery-Senf-Sauce 132
Karamell
    Dome von Apfel-Karamell-Schaum 123
    Gebratene Gänseleber mit Zwetschgen und Portweinkaramell 215

Kartoffeln
    Kartoffelbällchen 121
    Kartoffelcannelloni 93
    Kartoffelschnee 142
    La-Ratte-Kartoffeln 147
Käse
    Flammkuchen mit Gruyère 130
    Flammkuchen mit Münsterkäse 130
    Kalbskotelett mit gefülltem Kopfsalat und Makkaronigratin 233
    Ravioli vom Pecorino Dolce in Olivenölnage 110
    Weißkäse 139
Kaviar
    Marinierte Makrele mit Seeigel-Rillette und Bohnensalat 221
Kidneybohnen
    Flambierter bretonischer Hummer mit Sake und Kidneybohnen 227
Kirschsorbet
    Schwarzwälder Kirsch 125
Kirschwasserparfait
    Schwarzwälder Kirsch 125
Kokos
    Baba mit Ananas 244
Kopfsalat
    Kalbskotelett mit gefülltem Kopfsalat und Makkaronigratin
Krabbenriegel
    Nordseekrabben mit Avocado und Gurkengelee 91
Krabbensticks
    Nordseekrabben mit Avocado und Gurkengelee 91
Krebse
    Dim Sum von Flusskrebsen 229

L
Lachs
    Geräucherter Lachs mit Avocadocreme 93
    Lachs-Jakobsmuschel-Carpaccio mit Yuzu-Marinade, Vulkanspargel und gebackenen Petoncle 97
    Lachsschaum mit Hummersauce 94
    Saumon Soufflé „Auberge de L'Ill" 222
Lammcarrée mit Thymianjus 117
La-Ratte-Kartoffeln
    Gebratene ganze Seezunge mit La-Ratte-Kartoffeln und Petersilienbutter 147

M
Maisküchlein
    Wildente mit konfiertem Rotkraut, Feigen und Maisküchlein 231

REGISTER

Makkaronigratin
  Kalbskotelett mit gefülltem Kopfsalat und Makkaronigratin 233
Makrele
  Makrele „escabeche" 101
  Marinierte Makrele mit Seeigel-Rillette und Bohnensalat 221
Mango
  Sorbets in der Bento-Box 236
  Marinierte Makrele mit Seeigel-Rillette und Bohnensalat 221
Maronen
  Gebratene Sot-l'y-laisse mit Polentaschaum und Maronencrème 112
Meeresfrüchte
  Bouillabaisse 145
  Dim Sum von Flusskrebsen 229
  Flambierter bretonischer Hummer mit Sake und Kidneybohnen 227
  Hummer-Savarin 106
  Hummer-Spaghettini 108
  Jakobsmuschelcarpaccio mit weißer Trüffel 212
  Jakobsmuscheln in Walnusskruste mit Rote-Bete-Salat und Sorbet 211
  Kalbskopfragout mit Wildwassergarnele 147
  Lachs-Jakobsmuschel-Carpaccio mit Yuzu-Marinade, Vulkanspargel-Gâteau und gebackenen Petoncle 97
  Lachsschaum mit Hummersauce 94
  Marinierte Makrele mit Seeigel-Rillette und Bohnensalat 221
  Marinierte Makrele mit Seeigel-Rillette und Bohnensalat 221
  Nordseekrabben mit Avocado und Gurkengelee 91
  Wolfsbarsch mit Hummersauce 103
Meringue
  Cassismousse mit Zitronensorbet und Meringue 126
Münsterkäse
  Flammkuchen mit Münsterkäse 130
Muscheln
  Bouillabaisse 145
  Jakobsmuschelcarpaccio mit weißer Trüffel 212

Lachs-Jakobsmuschel-Carpaccio mit Yuzu-Marinade, Vulkanspargel-Gâteau und gebackenen Petoncle 97

N
Nordseekrabben mit Avocado und Gurkengelee 91

O
Olivenölnage
  Ravioli vom Pecorino Dolce in Olivenölnage 110
Orange
  Baba mit Ananas 244
  Rosette von Zitrusfrüchten, Gewürzbrot und Weihnachtsbier-Eis 239

P
Pastete
  Getrüffelte Pastete mit vier Fleischsorten und Gänseleber 216
Pecorino Dolce
  Ravioli vom Pecorino Dolce in Olivenölnage 110
Périgordtrüffelbällchen mit Sauce Périgord 218
Perlhuhn
  Pochiertes Ei im Glas mit Kartoffelschnee, konfierter Perlhuhnkeule und Brunnenkressesauce 142
Petersilienbutter
  Gebratene ganze Seezunge mit La-Ratte-Kartoffeln und Petersilienbutter 147
Petoncle
  Lachs-Jakobsmuschel-Carpaccio mit Yuzu-Marinade, Vulkanspargel-Gâteau und gebackenen Petoncle 97
Pfaffenstückchen
  Gebratene Sot-l'y-laisse mit Polentaschaum und Maronencrème 112
Pilze
  Flammkuchen provençale 130
  Kalbskotelett mit gefülltem Kopfsalat und Makkaronigratin 233
  Rehnüsschen mit Topinamburpüree und gemischten Waldpilzen 235
  Rehragout mit hausgemachten Spätzle 136
Piña-Colada-Eis
  Baba mit Ananas 244
Pochiertes Ei im Glas mit Kartoffelschnee, konfierter Perlhuhnkeule und Brunnenkressesauce 142
Polenta
  Gebratene Sot-l'y-laisse mit Polentaschaum und Maronencrème 112
Pommery-Senf
  Kalbsnieren in Pommery-Senf-Sauce 132

Portweingelee
  Getrüffelte Pastete mit vier Fleischsorten und Gänseleber 216
Portweinkaramell
  Gebratene Gänseleber mit Zwetschgen und Portweinkaramell 215
Püree
  Marinierte Makrele mit Seeigel-Rilette und Bohnensalat 221
  Rehfilet mit Spätburgundersauce 121
  Rehnüsschen mit Topinamburpüree und gemischten Waldpilzen 235

Q
Quark
  Weißkäse 139
Quitte
  Soufflé und Sorbet von der Quitte 240

R
Ragout
  Kalbskopfragout mit Wildwassergarnele 147
  Rehragout mit hausgemachten Spätzle 136
Ravioli vom Pecorino Dolce in Olivenölnage 110
Reh
  Rehfilet mit Spätburgundersauce 121
  Rehnüsschen mit Topinamburpüree und gemischten Waldpilzen 235
  Rehragout mit hausgemachten Spätzle 136
Rieslingsauce
  Froschschenkelschäumchen 206
Rillette
  Marinierte Makrele mit Seeigel-Rillette und Bohnensalat 221
Risotto
  Gebratener Atlantik-Steinbutt mit Venere-Risotto 99
Rochenflügel mit Tomaten in Traubenkernöl 104
Rosette von Zitrusfrüchten, Gewürzbrot und Weihnachtsbier-Eis 239
Rosmarinkartoffeln
  Lammcarrée mit Thymianjus 117
Rote Bete
  Jakobsmuschelcarpaccio mit weißer Trüffel 212
  Jakobsmuscheln in Walnusskruste mit Rote-Bete-Salat und Sorbet 211
Rotkraut
  Wildente mit konfiertem Rotkraut, Feigen und Maisküchlein 231

S
Sahne
  Geeistes Sahne-Baiser nach Großmutterart 242
Salat
  Jakobsmuscheln in Walnusskruste mit Rote-Bete-Salat und Sorbet 211
  Kalbskotelett mit gefülltem Kopfsalat und Makkaronigratin 233
  Marinierte Makrele mit Seeigel-Rillette und Bohnensalat 221
Sauce
  Brunnenkressesauce 142
  Hummer-Sauce 94, 103, 108
  Pommery-Senf-Sauce 132
  Rieslingsauce 206

Sauce Périgord 218
   Spätburgundersauce 121
Saumon Soufflé „Auberge de L'Ill" 222
Schokolade
   Schokoladencrumble 125
   Schokoladensorbet 125
Schwarze Johannisbeere
   Cassismousse mit Zitronensorbet und Meringue 126
Schwarzwälder Kirsch 125
Schwein
   Getrüffelte Pastete mit vier Fleischsorten und Gänseleber 216
   Périgordtrüffelbällchen mit Sauce Périgord 218
   Taubenkotelett mit Trüffel 209
Seeigel
   Marinierte Makrele mit Seeigel-Rillette und Bohnensalat 221
Seezunge
   Bouillabaisse 145
   Gebratene ganze Seezunge mit La-Ratte-Kartoffeln und Petersilienbutter 147
Selleriepüree
   Rehfilet mit Spätburgundersauce 121
Sorbet
   Geeistes Sahne-Baiser nach Großmutterart 242
   Sorbets in der Bento-Box 236
   Soufflé und Sorbet von der Quitte 240
Sot-l'y-laisse
   Gebratene Sot-l'y-laisse mit Polentaschaum und Maronencrème 112
Soufflé
   Saumon Soufflé „Auberge de L'Ill" 222
   Soufflé und Sorbet von der Quitte 240
Spaghettini
   Hummer-Spaghettini 108
Spätburgundersauce
   Rehfilet mit Spätburgundersauce 121
Spätzle
   Rehragout mit hausgemachten Spätzle 136
Speck
   Flammkuchen traditionell 130
Spinat
   Froschschenkelschäumchen 206
   Jakobsmuschelcarpaccio mit weißer Trüffel 212
Steinbutt
   Gebratener Atlantik-Steinbutt mit Venere-Risotto 99

Streusel
   Aprikosenclafoutis mit Butterstreusel, Sauerrahmeis und Holunder-Beerensuppe 150

T
Tarte flambée
   Flammkuchen 130
Taube
   Anjou-Taube, Brust und Keule 114
   Taubenkotelett mit Trüffel 209
Thymianjus
   Lammcarrée mit Thymianjus 117
Tomate
   Kalbskopfragout mit Wildwassergarnele 147
   Rochenflügel mit Tomaten in Traubenkernöl 104
Topinambur
   Rehnüsschen mit Topinamburpüree und gemischten Waldpilzen 235
Traubenkernöl
   Rochenflügel mit Tomaten in Traubenkernöl 104
Trüffel
   Getrüffelte Pastete mit vier Fleischsorten und Gänseleber 216
   Jakobsmuschelcarpaccio mit weißer Trüffel 212
   Périgordtrüffelbällchen mit Sauce Périgord 218
   Taubenkotelett mit Trüffel 209

V
Vanilleeis
   Geeistes Sahne-Baiser nach Großmutterart 242
Venere-Reis
   Gebratener Atlantik-Steinbutt mit Venere-Risotto 99
Vulkanspargel
   Lachs-Jakobsmuschel-Carpaccio mit Yuzu-Marinade, Vulkanspargel-Gâteau und gebackenen Petoncle 97

W
Wachtelei
   Marinierte Makrele mit Seeigel-Rillette und Bohnensalat 221

   Nordseekrabben mit Avocado und Gurkengelee 91
Waldpilze
   Rehnüsschen mit Topinamburpüree und gemischten Waldpilzen 235
Walnusskruste
   Jakobsmuscheln in Walnusskruste mit Rote-Bete-Salat und Sorbet 211

Wassermelone
   Kalbskopfragout mit Wildwassergarnele 147
Weihnachtsbier-Eis
   Rosette von Zitrusfrüchten, Gewürzbrot und Weihnachtsbier-Eis 239
Weißkäse 139
Wild
   Rehfilet mit Spätburgundersauce 121
   Rehnüsschen mit Topinamburpüree und gemischten Waldpilzen 235
   Rehragout mit hausgemachten Spätzle 136
   Wildente mit konfiertem Rotkraut, Feigen und Maisküchlein 231
Wildente mit konfiertem Rotkraut, Feigen und Maisküchlein 231
Wildwassergarnele
   Kalbskopfragout mit Wildwassergarnele 147
Wolfsbarsch
   Bouillabaisse 145
   Hummer-Savarin 106
   Wolfsbarsch mit Hummersauce 103

Y
Yuzu
   Lachs-Jakobsmuschel-Carpaccio mit Yuzu-Marinade, Vulkanspargel-Gâteau und gebackenen Petoncle

Z
Zander auf dem Heu gebacken, Flammkuchen mit lackiertem Aal 225
Zitrone
   Baba mit Ananas 244
   Cassismousse mit Zitronensorbet und Meringue 126
Zitrusfrüchte
   Rosette von Zitrusfrüchten, Gewürzbrot und Weihnachtsbier-Eis 239
Zucchini
   Flammkuchen provençale 130
Zwetschgen
   Flammkuchen süß 130
   Gebratene Gänseleber mit Zwetschgen und Portweinkaramell 215

DANK

» A tous ceux de nos deux familles qui nous ont précédé et à ceux qui assureront la transmission et la relève. Je pense en premier à Franz Keller, à Paul et Jean-Pierre Haeberlin. Merci à eux. «

Für all diejenigen unserer beiden Familien, die uns vorangegangen sind, und an diejenigen, die die Weitergabe und unser Fortbestehen sicherstellen werden. Ich denke vor allem an Franz Keller sowie an Paul und Jean-Pierre Haeberlin. Danke an sie.

Marc Haeberlin

Das ist unsere Familienphilosophie: Jede Generation schafft etwas für die nächste. In diesem Sinne teile ich Marcs Danksagung an die Generationen vor uns, vor allem an unsere Väter, und denke an die, die kommen werden, unseren Weg weiterzugehen. Mein besonderer Dank gilt meiner Großmutter Mathilde, meiner Mutter Irma und natürlich meiner Familie: meiner Frau Bettina und meinen Söhnen.

Fritz Keller

IMPRESSUM

© 2014 Neuer Umschau Buchverlag, Neustadt an der Weinstraße

Besuchen Sie uns im Internet
www.umschau-buchverlag.de

Alle Rechte an der Verbreitung, auch durch Film, Funk, Fernsehen, fotomechanische Wiedergabe, Tonträger aller Art, auszugsweisem Nachdruck oder Einspeicherung und Rückgewinnung in Datenverarbeitungsanlagen aller Art, sind vorbehalten. Die Inhalte dieses Buches sind von Autor und Verlag sorgfältig erwogen und geprüft, dennoch kann eine Garantie nicht übernommen werden. Eine Haftung von Autor und Verlag für Personen-, Sach-, und Vermögensschäden ist ausgeschlossen.

Rezepte
Dominique Gutleben, Paul Haeberlin, Marcus Helfesrieder,
Irma Keller, Serge Rebillard, Christian Rosse, Anibal Strubinger

Texte
Ingo Swoboda, Neustadt an der Weinstraße

Fotografie und Styling
Jörg Lehmann, Hamburg
www.image-bay.com

Redaktion
Neuer Umschau Buchverlag, Neustadt an der Weinstraße

Art Direktion
Neuer Umschau Buchverlag, Neustadt an der Weinstraße

Rezeptlektorat
Peter Wagner, Hamburg

Gestaltung und Satz
Anja Winteroll, Hamburg
www.anjawinteroll.de

Reproduktion
Helio Repro, München

Druck und Verarbeitung
Finidr, s.r.o., Cesky Tesin

Printed in Czech Republic

ISBN: 978-3-86528-735-9